敦煌

家居家具

DUNHUANG
JIAJU JIAJU

敦煌 社会人文丛书

赵声良 主编

让我们带您走进敦煌，解读壁画中车马出行、衣着打扮、家居家具、婚丧嫁娶等日常生活画面，了解古代敦煌社会生活的文化内涵……

杨 森 —— 编著

敦煌文艺出版社

图书在版编目（CIP）数据

敦煌.家居家具 / 赵声良主编；杨森编著. -- 兰
州：敦煌文艺出版社, 2023.6
ISBN 978-7-5468-2325-6

Ⅰ.①敦… Ⅱ.①赵…②杨… Ⅲ.①敦煌壁画—通
俗读物 Ⅳ.① K879.41-49

中国国家版本馆 CIP 数据核字（2023）第 020307 号

敦煌 家居家具

赵声良 主编 杨 森 编著

责任编辑：左文绚 李恒静
装帧设计：马吉庆
制 版：王 晓

敦煌文艺出版社出版、发行
地址：(730030) 兰州市城关区曹家巷 1 号新闻出版大厦 23 楼
邮箱：dunhuangwenyi1958@126.com
0931-2131552（编辑部） 0931-2131387（发行部）

兰州银声印务有限公司印刷
开本 880 毫米 ×1230 毫米 1/32 印张 8.5 插页 2 字数 150 千
2024 年 4 月第 1 版 2024 年 4 月第 1 次印刷
印数：1~5000 册

ISBN 978-7-5468-2325-6

定价：68.00 元

序言

杨 森

家居家具

　　家具史属通俗文化范畴的一个部分，它与人们的衣食住行有着密不可分的关系，彼此之间相互影响。敦煌壁画中的家具图像和藏经洞出土的寺院籍账等文书中的家具名称，是研究中国家具史难得且形象的珍贵史料。

　　在中国古代家具史上，秦汉及其以前的三代时期都是以席坐为特征的家具发展时代。若从历史研究的角度划分敦煌家具史图像，姑且分为三大变化时期，而且这三个时间段与民族迁移及其大融合都相关联。民族融合伴随着家具发展新变化的阶段之一，乃是南北朝时期，尤其是以南朝梁末"侯景之乱"为时代变化的分水岭，陈寅恪先生针对此问题说："侯景之乱，不仅于南朝政治上为巨变，并在江东社会上，亦为一划分时期之大事。"朱大渭先生也认为：侯景之乱，首先是高门士族遭受最为沉重的打击，从而趋于没落衰败，江南的少数民族首领以及庶民（寒门）地主为主的豪强势力趁乱增强，致使陈朝的中央统治集团内部阶级与民族成分发生了实质性的嬗变。手握兵权的军事首领和寒门地主的社会、政治地位发生明显的变化，南朝社会进入了崭新的时代。如若这也称得上是一场革命，势必对整个社会的诸多方面（政治、经济、文化、军事、民族关系、典章制度、家风礼法、社会心理等）产生深远而持久的影响。与此同时，佛教也加大力度发展自己的势力，对士族儒家的传统文化、行为规范和思想观念等产生冲击。

南北朝从晋室东迁持续一百七十多年，河西地区包括敦煌社会相对安宁，中原大姓前来避难的不少，从而带来中原先进的文化，也包括宗教、民俗、观念等，相应地促进了当地文化事业的繁荣，出现了"敦煌五龙"等杰出人才。政府为了巩固政权，很重视儒学，因而产生了一大批儒学名士，北朝河西儒学对隋唐时期也有着深厚的影响。属于民俗类的家具实物和样式等随中原大族同样被带入河西地区，并进而对河西地区的家具等物件产生影响。从家具图像来看，敦煌北朝时期是很简略的，数量也很少，这主要是席坐习惯的延续，家具的种类比较少，高坐具家具尚未普及的缘故。此时家具有筌蹄、胡床、床、衣架、榻、框（匡、筐）床、莲花高座等。魏晋南北朝时家具也在逐渐增高，胡床、绳床等高型家具的出现是其代表，而且这两件表现形式是超越中原的。少数民族的风俗习惯和佛教的佛、菩萨倚坐狮（师）子座和须弥座等坐姿造像、绘画进入华夏，由席地而坐，发展到垂足倚坐的"虏俗"坐姿时有所见，进而影响中原固有的家具制作传统。

北朝时期敦煌壁画家具图像有筌蹄、四腿单人床、双人坐胡床、装饰壸门的四足榻、椅子（绳床）、"蜀柱柱头式"禅椅、束腰莲座、四腿框床、四腿独坐榻、直行凭几等。该时期敦煌莫高窟北凉第275窟月光王坐的上画竖条纹的束腰圆凳、西魏壁画中说法佛坐束腰莲花座、北周和隋代的若干洞窟壁画中，束腰莲花座具应当为"筌蹄"。北凉壁画中的筌蹄图像，早于大同云冈石窟和洛阳龙门石窟。北魏第257窟壁画出现有四腿凳子，它仍然要早于中原。该窟首次出现僧人躺卧的四腿单人床，腿的高度已经与现今床腿的高度相同。该窟还出现二人并坐的为后世罕见的双人胡床，其他地区目前未见第二例，说明它并不十分流行。敦煌隋代壁画还有穿铠甲的武士坐胡床坐具。西魏第285窟壁画上的禅僧所坐椅子，比原先认定的椅子出现的时间要早，是目前中国所见最早的椅子形象。也有学者首次提出该椅子为"绳床"，依据是椅座盘面为网格状似绷有绳索、藤类的软屉，这种坐具也早于中原地区；该窟壁画还首次出现带壸门的榻，魏晋时期中原早已开始出现装饰壸门的床榻。隋第303窟壁画上还出现有独坐的四腿框床和四腿独坐榻。隋第427窟壁画还出现"蜀柱柱头式"禅椅，北朝时期椅子或绳床几乎都是僧人就座。通过洞窟调查可以看出北朝时代敦煌壁画中的家具图像与中原所见大同小异，而且出现数个在中国家具史上算得上是较早出现的家具图像。

第二，是中唐时期，亦即"安史之乱"后，正如学者吴宗国所说"中国历史终于走出了中古时期"。唐代对外交往密切而广泛，不仅政治领域，在其经济、文化、思想观念、生活习俗等方面，无不渗透着外来的机制或谓胡风。主动与周边少数民族或者通婚，或者收为附属国，或者建立羁縻州府等。

唐代从许多方面都显示出经济、文化等蓬勃发展的强劲态势。唐代的京城长安滞留有相当数量的外国使节、留学生、商人、僧侣等，境内外各种文明相互交流和传播。加之李唐皇室本身就有少数民族血统，因而对外来的和少数民族物质和精神的文明，均持以积极的态度，接纳和支持她们的传播和发展。自天宝末年的战乱后，从经济方面讲，全国的经济中心或重心已经开始向南转移。大唐盛世的神话已经破灭，社会大动荡对当时及其之后民众的心理产生的震撼是深刻而久远的。另外，此时地处青藏高原的吐蕃兴起，"河西一路"和西域的丢失等，使得至高无上的皇权受到质疑。统治集团内部派别林立，宦官专权，皇权旁落，地方上藩镇割据势力相互攻伐，百姓生活艰难，最后导致农民大起义爆发，李唐王朝终于走向末路。研究唐史的学者对中唐这个划分中古史前后两个不同阶段的关键时间段，多数是有共识的，其显著的标志就是百姓人身依附关系大大地减轻，经济上则显示出商品货币关系空前的繁荣，从而成为封建经济的一个特色。安史之乱期间和之后，中央政府和地方政府为了解决战争造成的困难和增加财政收入，以官方名义出售"度牒"，佛、道教信徒人数激增，信徒只要纳钱和交纳相当数量的实物，就可以获得正式出家人身份，并且此行为逐渐渗入到人们的风俗习惯当中，直至宋代尚未消除这种买卖"度牒"之法。与此同时，买卖"度牒"和官爵以及出身等投机钻营的行径，对社会风气产生的负面效应是巨大的，渗透到社会的肌体中，其副作用是深远的。

吐蕃占领敦煌地区前，敦煌作为西域交流的窗口，社会、经济、文化等发展始终处于非常繁荣的局面。吐蕃占领期间社会经济和传统文化等方面受到摧残，但佛教和佛教艺术受到扶持，得到进一步地发展。至张氏归义军时期社会经济和文化得以恢复和发展，"人物风华，一同内地"，而敦煌佛教依然保持继续发展的趋势。

隋唐时期是高、低型家具并行发展的时期，席地坐的传统风尚逐渐在消失，而垂足倚坐则普遍流行起来，高型家具发展比较快，且趋于定型。中唐及其以后时代，家居家具组合和配置发生革命性的变化，家具的固定陈设占主流趋势。但家具及其他用具与盛唐时期比较并无明显的差异。吐蕃占领敦煌六七十年，但吐蕃人的家具样式尚未在壁画中表现出来，或者说其家具多是学习汉民族的。

唐代敦煌壁画家具图像有筌蹄、胡床、衣架、榻、床、高座、束腰莲座、圆墩、桌、案、几、三足凭几、屏风、箱等。此阶段敦煌唐代壁画上床多配备有屏风，依然有单人床出现。帷幕床是唐代壁画中比较独特的家具，中原地区艺术品中少见。有围栏的床在发展的同时被画工巧妙地移植到敦煌《劳度叉斗圣变》中舍利弗莲花座上，这也是敦煌的特例，其他地区罕见。唐代伊始，敦煌壁画《维摩诘经变》中出现有四角立柱撑起顶部的华盖、维摩居士坐一具装饰壸门足底加托泥的榻即"高座"上，背后置放折扇屏风，从而形成斗帐，类似明清时代的"架子床"，并且在高座前还配置有栅（梳背）足的条几，几面上有些还特意绘有木纹。壁画中的"高座"，多是僧人就座。盛唐壁画中出现四腿长凳，其数量样式均多于四腿方凳，其高度与现代长凳相仿。圆墩形座具，沈从文先生对其来源解释是"战国以来妇女为熏香取暖专用的坐具"。中唐壁画中出现了三面围的圈背椅，与中原出现的同类椅子时间相近。长案有四腿桌、装饰壸门足底加托泥的榻式案、帷幕式案、帷幕案和榻合一的案四种形式；长凳分四足带枨（樘）的条凳、帷幕凳、四腿凳三种。唐代壁画在住宅内也画有装饰壸门足底加托泥的床、帷幕长桌和四足带枨长凳、方桌、四出头腿下粗上细的靠背扶手椅家具。一些帷幕桌案面上也画有大边和抹头或拦水线。晚唐的厨房图中有方厨案。此时带抽屉脸的桌案也已出现在晚唐壁画中，它是带抽屉桌案发展的先声和必然过程，其出现的时间早于家具史的定论。

唐代诗歌中提到的"素屏"，在唐代壁画中似乎存在，如盛唐第445窟"嫁娶图"中的屏风。

第三，是五代、宋、西夏、辽金时代。这个时期社会处于分裂时期，宋代中华文明的辉煌至此已经暗淡，外国留学生蜂拥而至的情形已不复存在。此时的敦煌，正处在张氏金山国和曹氏归义军百余年的统治时期，与回鹘的交往频繁，并开凿了不少大型洞窟。此后的敦煌，被西夏占领近二百年，莫高窟壁画多是在前代的壁画上画绿地千佛或呆滞的《经变》，几乎未出现独特的家具图像。但榆林窟西夏壁画则出现新的题材和画风，如出现《西游记》孙行者，具有西夏时代特色的家具图像有其特殊之处。

五代十国期间短暂朝代更迭频繁，家具的发展是继承唐代遗风，高、低型家具仍同时并用，家居家具的陈设比唐代又有发展。高座家具进一步占领人们日常生活的诸多方面，高型家具渐趋成熟，发展迅速，家具的种类多有增加。桌椅家具结构受建筑"梁柱式的框架结构"影响，从出土的家具实物及绘画图像，可以看出他们之间的关系。河西包括敦煌地区与中原的情形大体上相当，但新型家具并不多见，壁画上家具形状多数还是唐代的模式。

　　敦煌五代时期的家具，偶尔在壁画上可见罕有的小圆凳。在《弥勒经变》"嫁娶图"中可见装饰壶门足底加托泥的榻式长食桌。五代第 61 窟《五台山图》佛光寺院中出现四出头官帽椅，这一类椅子出现的时间早于金代明（冥）器官帽椅实物。可喜的是该《五台山图》壁画中出现了目前所见国内最早的"交椅"家具图像。敦煌壁画中五代、宋时期椅子等家具的图像比唐代壁画要多。

　　宋、辽、金、西夏时期民族交往频繁，民族融合，相互学习之风依然盛行。周边民族政权，学习中原的典章制度，学习雕版和活字印刷技术以及佛教等。周边各族对于中原已有家具的引进、学习和模仿在传世名画和墓葬绘画等文物中多有反映。

　　敦煌宋代壁画上出现装饰壶门足底加托泥的圆形榻，这也是敦煌的特例，其他地方罕见这样的圆榻。大概是五代宋曹氏归义军时期写卷上（S.6983）的白描画中，还出现由装饰壶门足底加托泥的榻演变而来的圆形案和圆凳，可以看出这类榻在形态不变的前提下，制作出的家具用途是多方面的。此种圆案和圆凳应是明清时代高档木料制作的开光圆凳的先声。榆林窟西夏壁画中分别出现了柜子和四腿并在前后左右加双枨的桌案，这些形式的家具和中原的样式是相同的，仅此也可看到党项族对于中原汉文化积极学习的程度。敦煌唐、宋西夏时期家具图像，表现木质家具的色彩多为褐色、土红色、土黄色。五代壁画中维摩居士坐装饰壸门的榻式高座等还画有木纹,藏经洞中出土的五代绢画也有绘木纹的榻。

蒙古 1227 年灭西夏,敦煌归蒙古统辖。元代敦煌开凿洞窟数量少,相应壁画家具图像也少,洞窟以莫高窟汉密第 3 窟和藏密第 465 窟为代表。敦煌元代壁画上的家具图像出现了竹圈背禅椅、带靠背的平台床、四曲足榻、凭几等几个种类。

明代敦煌地区是被放弃的,被划在关外,不见有洞窟开凿。

清代至民国时期洞窟有一些屏风画作品,上面有可数的几幅案、棋盘、凳子等家具图像。

敦煌石窟艺术表现的是佛教艺术,但在洞窟具体的开凿、塑、画当中,民间普通百姓亦即俗人是绝大多数的参与者,据藏经洞出土的文献记载我们知道,营建洞窟的工匠包括塑匠、画匠、木匠、泥匠等都是敦煌当地人士,分都料、博士、师(先生)、匠、工(人、生)五等。仅做木工活的就分普通木匠和高级匠人博士。如,曹氏归义军时期就有"造牙床木匠",还有漆器工匠如"画柒(漆)器先生"等,众多工匠的存在从而维持敦煌本地普通民众的日常器物的消费。敦煌壁画中,主要是以现实社会生活为其表现蓝本,参照现实画佛国、画天上、画理想中的美好世界。因而图像中表现的各种生活用具、用品也毫无例外的是当时人们所用的各色各样的物件。故此,图画中的神佛和俗人所用家具的样式,对研究中国家具史具有最为直接的参考价值,因为它比正史和野史以及笔记等文字材料的记录更为直观和形象。但是在研究的过程中,我们也应该避免凭一幅图、一尊像,就断然给予完全肯定或否定相关问题的倾向。

事物的发展往往不是孤立和偶然的,与自身和外部环境影响等诸多作用才有进展,而俗文化范围内的家具的发展与建筑和服饰等的发展也是相互关联的。

高型家具的出现，势必带来房屋跨度、空间的增高、加大，而建筑物的增高，又是与佛教的传入以及庙塔高型建筑的影响有很大的关系。席地坐的时代，宫殿、居家住宅不会很高大，而是很低。从商周直至秦汉时代，家具均是低矮型，由早期的简陋到豪华；由实用到礼器、到装饰品。中古以前座具始终以"席"占主导，随场合和地位不同而设席位，建筑房屋的高度必然低矮。正如日本低矮的榻榻米房间，是房屋空间大小与家具大小、高低关系的典型例证。

衣服简约形式的出现，衣架当不会宽大。华夏文明初期，衣架不会做的豪华高档，只能是在墙上钉木橛挂衣物，后来则产生了专门的衣架。到了文化繁盛期，各种礼仪、典章制度等的建立，上下等级服饰的规定，如正史中《舆服志》《仪卫志》《郊祀志》《五行志》等，还见于个人著作《西京杂记》《古今注》《拾遗记》《酉阳杂俎》《炙毂子》《清异录》《事物纪原》《云仙散录》等文献的记载很多，衣架成为宫廷、家庭中不可或缺的家具配置。虽然文献中记录的官服、朝服等正如沈从文先生所讲"其实多辗转沿袭，未必见于实用"，"亦难于落实征信"，但服饰对于家具的影响不容忽视。宽大而累赘的官服，必然要与横杆形衣架相匹配，搭放在衣架上，再用墙上的橛子挂服装显然不适应，且不美观；而竖形衣架，搭、挂宽大沉重的衣服也不便利。中古时期直至清前期，家居家具配置多见横杆形衣架，明代的横杆实物衣架博物馆里现在还时有所见。清代后期，受西洋等服饰观念耳濡目染，加之半封建社会人民的贫困化加剧，人们的服饰趋向简约化，又使衣架的造型发生巨大的转变，变为竖杆形为主，横杆形衣架则少见。现代家庭，也仍然有从木橛演化而来的壁挂式衣帽钩，历史的重演虽然相似，却非复制，而是升华和更新。

一些饮食习惯的变化也多少会影响家具的变化和发展，每当中国历史上出现盛世，经济繁荣之时，他的饮食筵宴也随之进入兴旺发达时期。譬如唐代出现的所谓"曲江宴"、"烧尾宴"等，唐代宗时名臣郭子仪等人"一宴费至十万贯"。"安史之乱"后，公卿、贵族的日常筵宴花费更加奢侈无度。地方普通民众的宴饮据敦煌文书知，仅敦煌一地，唐宋时民间经常出现许多"社邑"组织，根据节气和佛教节日，时常进行"局席"饮酒聚餐，讨论解决社内一些诸如红白喜事、救济社人、处分社人、集资开窟等事宜。折射出那时社会发展在百姓首要的"吃饭"、宴饮问题上的一种规律性地变化。敦煌唐宋壁画上的"嫁娶图""酒肆图"等宴饮场面，由于聚会的人多，座具由盛唐时单独的墩和凳与矮案相配，逐渐向长案或桌与长凳相配。坐凳的客人由倚坐足着地，到倚坐在长凳上，悬空垂足，凳子有些还增加了高度。陕西长安县南里王村唐墓《宴饮图》壁画上，有六人分别盘坐于三张四腿长条凳上，而不是倚坐，三位坐在凳边上的客人半坐在凳上，另一腿下垂。这说明凳子也有一个由低向高过渡和由宽向窄发展的阶段，直至人们完全找到适合人体生理机能的最佳高度为止。另外，坐长凳就餐，可能分民间的宴饮与高官、贵族宴饮座具的区别，因为在反映唐元和时代时世装贵族妇女宴饮奏乐场面的《宫乐图》上，贵妇们每人均坐在装饰华丽垂有流苏的四腿凳（月牙凳、杌）上，围在装饰壸门和足底加托泥的长方形榻式大食案周围，而不是敦煌壁画上民间宴饮食客多是坐在长凳上围着食案就餐，盛唐445窟的"嫁娶图"宴饮场面中因是描绘贵族婚礼场景，与其他普通的"嫁娶图"上的坐具大有区别，显得很高档，食客均不坐长凳。

家居中实际使用的家具，在社会发生决定性变革的关键时刻，其发展无疑会受到相当大的影响与制约，它还随当时的时尚风气而流行一种或若干种家具。如南北朝时期的胡床、绳床的大量流行，高凳和椅子的出现或输入，还有佛教造像的坐具和坐姿的频繁出现和使用，使得书法家在座具和坐姿的改变下，其艺术水平达到了空前的高度，如汉晋时代敦煌出现了著名的书法家张芝和索靖；

中唐后，桌案、交床的大量使用等，逐步确立了人们垂足坐凳、靠背椅、交床、圈背椅等，改变了以往席地而坐的传统习俗，所有这些都对中古时期我国的书法、音乐、舞蹈等的发展起到了推波助澜的作用。若国人自始至终均保持跽（跪）坐，我国的书法就不可能产生欧、柳、颜、宋等体和展现真、行、楷、草等精品书法杰作；也不可能有今天民族音乐的繁荣以及乐器演奏技巧的丰富多彩。乐器弹奏若盘腿坐于席、毡、毯上，势必影响和限制演奏者手、臂等灵活发挥，而垂足倚坐在凳子等高座具上，则可以最大限度地发挥手、臂的能动性，现代乐队演奏乐器均是坐凳或站立弹奏。琵琶研究的专家认为中国琵琶正式由横弹变竖弹是在明代，但在中古时期可能已有个别竖弹的迹象，莫高窟隋代飞天伎乐上就有竖抱琵琶弹奏的图形。另外敦煌壁画中"反弹琵琶"的乐舞伎造型也可证实这一倾向的发展，在低矮的席坐状态下，估计不会出现此种弹奏的造型。敦煌壁画是佛教艺术的载体，壁画中所表现的方的、圆的家具等图像总是与其佛教教义和传统文化有诸多的联系。家具中方形的桌案、床、榻等表现出华夏固有的审美理念。"方的审美情趣，导源于中国文化传统尤其是儒家追崇严正、大方，崇尚理性的文化传统。""从文化传承和儒、释相互影响来看，大约圆形象征佛教的'圆圆海'、'圆寂'，八角象征佛教'八正道'；六角形象征佛教'六道轮回'之类，这种象征性文化意蕴在中国佛塔上是很多见的"。这一迹象，在敦煌壁画中如圆形的坐墩，六棱形在须弥座、莲花座等佛座束腰部位上的表现，与佛教所象征的义理吻合。

　　观看敦煌壁画上的家具图像，是自北朝到元代（还有部分清代壁画）延续千年若干时代家具形象的一个缩影，故而弥足珍贵，值得人们去研究。

目 录

一

异彩纷呈

敦煌壁画中的家具长廊

　　家具的历史属于俗文化范畴，与衣食住行有密不可分的关系。敦煌壁画以其绚丽多彩、内容丰富而著称于世，壁画上所表现的家居家具图像形态各异、数量众多，有些图像是家具史上罕见的。这些异彩纷呈的家具图像，为我们展现了一个前后延续千年的家居艺术长廊。

　　家具是人类文明史中不可或缺的一部分，家中用具以木家具为多，而使用则是家具的功能。以家具中最为常见的床来说，我国最早的诗歌总集《诗经》中就有"床"的名称，《庄子》中有"匡床"的记录，《战国策》还记载齐国孟尝君向楚国敬献"象[牙]床"。早期床的实物有河南信阳长台关战国楚墓中出土的六腿带围栏的复合式漆木大床、湖北荆门包山楚墓出土的折叠式床，没有一颗金属钉，全都是卯榫结构，其工艺已达到相当高的水准。虽然都是明（冥）器，但均是实用家具。汉代《释名·释床帐》首次对床进行解释说"人所坐卧曰床。床，装也，所以自装载也。"也就是说，用来供人坐或卧的家具被称作床，床的意思就是用来装载自己的家具。

魏晋南北朝时卧室的床仍然加边框，制作工艺提高。譬如大英博物馆藏北魏（或东晋）画唐摹本《女史箴图》中的床榻，高度超过正常人的膝盖，装饰多有增加。

南北朝是民族大融合时期，交往频繁，致使汉族与其他少数民族的风俗习惯、文化、心理、语言等都存在相互适应、相互学习和模仿、借鉴的大趋势。唐代低矮型家具与高腿型家具共存，尤其中唐之后是家具发展阶段的分水岭。敦煌的中唐时代是吐蕃占领时期，虽然处于少数民族的统治，但由于吐蕃族也是信仰佛教的，所以整个敦煌以及河西等地区，佛教等还依然在持续发展，宗教感情一致，民众日常生活与唐时期无大的差别，仅被要求日常要穿戴吐蕃人衣冠，中唐壁画中画有吐蕃赞普和穿吐蕃服装的人物；晚唐属于地方政权张氏归义军时期；敦煌五代至宋代，是属于张承奉的西汉金山国和地方政权曹氏归义军统治时期，而中原社会多处于动荡的阶段，河西敦煌一带则处于相对稳定的时期。此时，中国家具的发展正经历一个重要的过渡阶段，即低矮型的传统家具向高型家具转变，人们的起居形式由席地跽坐向垂足倚坐发展转型，从而最终完成定型。

在五代，家具不论坐墩、凳子、椅子，还是床、榻，垂足倚坐的家具高低比例尺寸，已经在大唐的发展基础上定型。此阶段敦煌壁画上的家具图像，基本情形与中原相同，但发展略显迟缓。五代和宋敦煌壁画家具图像仍与唐代一样，装饰大多朴素，且样式单一，只有极个别的图像装饰较为华丽，但不是主流，与中原流行的样式无法相比。宋代中原家具的制作之所以发生大的变化，多归功于当时科技的蓬勃发展，宋代已经发明了框架锯和刨子等木作工具。宋代床的发展更快，其装饰愈益华丽，材料更加高档而多样化，元明清时代发展更迅速，形式多样。

梦乡载具

敦煌壁画上的床

人类社会中一个正常人用在睡眠上的时间约占人生的三分之一，供睡卧用的"床"家具，在人类进入文明阶段就已存在。家具床的图像，在敦煌石窟连续千年的壁画上有众多表现。敦煌文献法藏 P.2032V《后晋时期净土寺诸色入破历算会稿》就记录有晚唐五代敦煌地区有高级匠人"造床博士""画床先生"；敦煌文献英藏 S.1366《油面历》还有"造牙床木匠"等匠人。

（一）四腿床

敦煌壁画上早期的四腿床是没有腿枨（樘）的，唐、五代壁画上才开始出现枨。枨，南方称为"档"，一般指横向安装的小木料，起加固作用，是家具的重要构件之一。枨中多见"横枨"，基本是一根木棱条，水平安置在桌、案、凳、椅的腿足之间；有的用单枨，也有用双枨的。四腿无枨，就是说四腿间没有横木固定。最早出现于敦煌壁画中的床见于莫高窟北魏第 257 窟南壁《弊狗因缘》故事画中，说有一只喜欢吃人的恶狗，碰到了一位智慧过人的比丘，经过比丘的教化此狗萌生善心，并在死后托生成人，获得人身之后求作沙门皈依了

图1　第 257 窟　四腿床　北魏

佛教。画中禅窟内僧人正躺卧在一张四腿无桄的禅床上，这就是敦煌壁画中最早的床家具图像，床腿的高度已经与现代人所用卧具高度相当（图1）。

佛教要求僧人严守戒律，僧人不得坐卧高广大床，还强调比丘宁可将自己的身体卧在热铁之上，也不能以破戒的身体来接受别人施舍的卧具。莫高窟第 323 窟东壁门南五代画《佛教戒律》壁画中就表现了这一情节，一僧人伏卧在一张长方形四腿单人床上。实际上，这里的床是热铁的一种象征表现（图2）。

敦煌壁画中四腿床北朝始见，延续到唐五代；带桄的四腿床晚唐、

图 2　榆林窟　葬人床　五代

五代才出现，但枨很简单，既无牙角（指连接处的三角或转角构件），
也无装饰。敦煌藏经洞出土的中、晚唐时代的绢画《观音经变》中也
有卧室中睡人的四腿单人床。比起同时代中原绘画和墓葬壁画、出土
物中的床图像或实物床显得粗糙简单。

（二）带壶门在腿足底加托泥的床

壶门，起初是皇宫中的门，后来演变为建筑基础部位的细部名称，
诸如殿堂阶基、佛床、佛帐、须弥座的束腰部位各柱间，刻、画、塑、

砌成类似葫芦形曲线框状的图形，再后来家具床榻等又继续沿用。壁画家具中的"壶门"，是指床榻的束腰部位或塑或画的宫门状图形。在敦煌石窟中，北朝时期少见这类图案；唐、五代、宋时期佛床、须弥座和洞窟壁画的下部墙裙、佛坛四周等通常也塑或画有此种图案，壶门内常画有伎乐、火焰宝珠、瑞兽等纹饰。唐宋时代壁画上长方形带壶门的床、榻通常是较为高档的家具，这是唐宋时期具有代表性的一种床、榻类型，此时发展的更加完善和成熟，造型简洁匀称。相对而言，这种床、榻做工结构稍微复杂，有些还有装饰纹样，面上的长短边框亦即大边和抹头（凡用攒边的方法做成的方框，如桌面、凳面、椅面、床面等，两根长而出榫的叫"大边"，两根短而凿有榫眼的叫"抹头"），在床、榻周围常附设有屏风。

这种高档的床、榻类家具以莫高窟盛唐第 23 窟顶藻井南披《观音普门品》，一房中有 12 人共坐一装饰壶门的大床，背后还立五折扇屏风；中唐第 468 窟顶藻井西披《法华经变》"淫舍"画面，一男一女共坐前后装饰三壶门、左右装饰二壶门、足底加托泥的高级床，床长短边框大边和抹头均为褐色，壶门整体的花色似乎装饰着螺钿，床的背面和左面围有锦帐。家具的腿足不着地，另有木框在下承托，此木

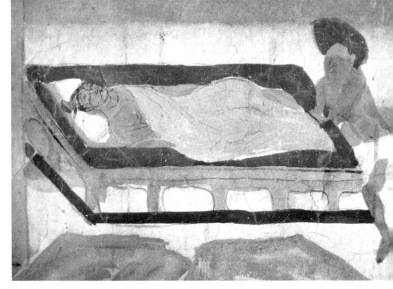

图3 第61窟 卧床 五代

框就称"托泥"。中唐第159窟南壁《法华经变》"释迦方便涅槃"中，释迦头枕右手所卧长方形床约呈"工"字形，中部前后装饰褐红色四壶门、左右装饰二壶门、足底加托泥，底座和榻面各为一块长方形板。这与五代第61窟（文殊堂）南壁《楞伽经变》"病无良医被鬼害"中卧床几乎相同（图3）。这样的坐卧具若底座沿和床榻沿有叠涩就可称"须弥座"；若无叠涩或可称之为"金刚台""金刚座""金刚床"。壁画中的"须弥座"，当是借鉴装饰壶门榻的元素。第61窟南壁《楞伽经变》"食肉生病"的画面为代表，画中一大堂内有五人就坐一张正面装饰约有九幅土黄色壶门、足底加土红色托泥的特长形矮床。此长床面为石绿色，土红色边框大边、抹头，二男子箕踞坐；又一人躺卧于左右各画土黄色二壶门、前后各画土黄色五壶门，足底为褐色托泥，石绿色床面，褐色大边、抹头。五代周文矩《重屏会棋图》中也有这类相同形状的床榻。敦煌壁画中装饰壶门、足底加托泥的床自盛唐始见，直到宋。敦煌壁画与藏经洞出土的绢画、纸画上所画床榻家具图像相同。

（三）平台床

平台床之名，姑且把睡卧人的长方形平台、无腿的称"平台床"。此种床图像较早见于四川成都青杜坡出土的东汉画像砖《讲师图》中，老师凭几坐于长方形平台状床榻上，学生跪坐于席上。我们知道，床、榻形制是相同的，差别仅是宽窄不同而已，无疑有这样的榻，也就有这样的床。但从中国名画和墓葬壁画等作品以及敦煌壁画中看平台床数量，都是不多的。有人把四腿的长方形单人床，也称作"平台木床"。

敦煌壁画中，保存了大量供养人画像。所谓的供养人，一般是指出资开凿洞窟的人。在榆林窟第6窟第二层明窗前室门南、门北下部各绘一对元代的男女夫妇供养人盘坐在一张类似罗汉床式的平台床上，女的戴蒙古族妇女特有的罟罟冠。床正面沿上第一层画有八个半双层回纹长条格子，第二层画有纹饰，床后用土红色装饰，上部为云纹形、下部为两块栏板形围栏，两头卷曲。床左右各一短小的栏板，上部也是云纹，末端卷曲。围栏后左右各站立一头戴蒙元时期特有的男性圆顶盔帽的侍者（图4）。床正面大体呈"Д"字形，仍有佛教须弥宝座的影子。此床与明清时代的所谓罗汉床有些相似，如陈枚画的《月漫清游图》上，内室有一张围屏矮床，床沿束腰，向里弯曲的腿，床下

图4 榆林窟第6窟 甲胄画 元

放有每面各画一壶门、足底加托泥的小红脚踏。榆林窟的这种平台床莫高窟从未见过。又《蒙古汗王就餐图》绘画中的三面围栏床与此非常相似，只是座面是软垫而已。此平台床也与美国大都会博物馆藏同期 14 世纪 30 年代伊朗《诸王之书》中的平台床样式相同，猜测此种坐卧具当来自波斯地区的传播或随蒙古大军回师携带而来的也未可知。

（四）匡（框、筐）床

"筐床"是古代的一种方形座具，早在《庄子》中就有"匡床"的记载；战国时商鞅在《商子》中也提到"匡床"。战国时代的这类"匡床"家具，多为"人主"所用，似乎是属于高级生活用品，那时的所谓"人主"无非指周天子、诸侯等。有时，匡床不但是坐具，也可当卧具。河南信阳长台关战国楚墓出土的彩绘漆木大床，长 218.2 厘米、宽 139 厘米、统高 61.3 厘米、足高 19 厘米，床的四周有栏杆。该漆木大床是中国目前所见最早的实用床，也是目前所知最早的"匡床"，因其四周有栏杆围护。

敦煌壁画自隋代才出现"匡床"，莫高窟隋代第 303 窟顶人字披

图5

西披《法华经变》中，一僧人坐于四腿和四角有栏杆和角柱的床上，前后有弟子，这无疑是敦煌壁画中"匡床"最早的形式。图像表明它是坐具而非卧具，因为做卧具则嫌其太小，而且无出入上下的门，这又与通常所说的"匡床"颇有差异（图5）。

唐诗人杜甫诗中有所谓"匡床竹火炉"，民间仍用"匡床"。文殊和普贤菩萨是佛教徒非常崇信的两大菩萨。文殊菩萨骑狮子，他的道场传说是中国山西省的五台山；普贤菩萨骑六牙白象，他的道场传说是中国四川省的峨眉山。莫高窟中唐第159窟西壁龛外南北侧的壁画中，象背和狮背的须弥座上均配有栏杆的"筐床"，菩萨坐在床中

图 6 ｜ 第 159 窟　龛床　中唐

间的莲座上（图 6）。在佛教的传播过程中，有时要通过与其他宗教斗法的方式来赢得更多信众。在这些斗法的故事中，佛弟子舍利弗和外道劳度叉斗法的故事非常精彩，这类画面被称为"劳度叉斗圣变"。古印度舍卫国大臣须达以黄金铺地的价钱购得祇陀太子的园地建立精舍，请佛说法。六师外道依仗国王权势反对，提出约佛斗法，以胜负决定是否建立精舍。外道劳度叉出面，佛弟子舍利弗应约。斗法期间劳度叉先后变成宝山、宝池、毒龙、白牛、大树等，又使魔女以美色诱惑舍利弗；舍利弗以金刚击宝山、白象踏宝池、金翅鸟啄毒龙、狮王咬白牛等破劳度叉之变，最后制服魔女，拔起大树，摧倒劳度叉坐帐，迫使外道皈降。画中舍利弗坐的莲花座是在莲花的边缘部位设置两道半圆围栏，左右各有一出入口，这可看作"筐床"的变异形式（图 7）。

　　中国自古已有的框床即庄子所说的那种坐具，到了南北朝时期人们仍然在使用，当然多数是在文人士大夫阶层中流行，部分僧人、修行者也偶尔使用。例如，陕西靖边县统万城周边北朝仿木结构壁画墓中的框床式四腿椅子，网状的靠背和搭脑似乎是临时加装上去的，面屉正面也是由一根横杆封闭，虽然似椅子但还是框床，因为其四周是封闭的；《东魏兴和四年（542 年）一通造像》，碑刻上有一具四矮足向

图 7 | 第 196 窟 南壁 晚唐

上均出头、三面围栏杆的框床式坐具；前引隋第 303 窟绘有二幅高腿足、四边有栏杆、四角有柱头装饰的僧人盘坐的框床。与东魏碑刻上相同的坐具只在初唐第 334 窟西龛北壁《维摩诘经变》"舍利弗宴坐"中有一例，维摩居士指责只静坐习禅的保守做派，一位头戴风帽的僧人盘坐在一张四矮腿、三面横栏杆，四竖腿均向上出头的框床式坐具聆听劝谏。还有前引中唐第 159 窟《普贤变》和《文殊变》象背和狮背驮的框床式的宝座；晚唐第 138 窟北壁《药师经变》画中的马背上驮的框床式的马舆；晚唐第 9 窟南壁和五代第 146 窟西壁《劳度叉斗圣变》象背上驮的框床式的象舆。这些框床座具和象舆、狮舆、马舆等既有外来的影响，也与中国传统框床家具有关联。南宋刘松年《四景山水图卷》上的椅子式框床围栏似乎也是封闭的，因为倚坐在座面前端的一位文人双手是扶在齐胸高的横梁上的，而靠背则是另外加装插入的装置，它原本应是个四方框栏框床；宋张胜温《梵像》中不论是竹椅或是木椅多是面屉宽大的三面围栏状四出头椅或者禅椅，这类禅椅还传入了日本佛教寺院；美国加利福尼亚柏克莱景元斋藏明代崔子忠《杏园宴集图轴》上，一位文人右手执杯、左手搭在扶手上，此框床乃是矮腿，面屉深而长、三面围的栅栏一样高，仅到腰部，只是在后背加装了一块椭圆形类似于秸秆物编制的垫子。从种种迹象表明，中国式椅子的产生与框床的发展关系颇为密切。明代出现的高档木料黄花梨等制品的椅子物美价高，是因为当时的文人参与其设计和亲手制作，故而使这些靠背椅如官帽椅、南官帽椅等家具在当时就显得卓尔不群，加之它们靠背的弧度极其符合人体腰脊生理功能，所以该类古椅子在现代的收藏界、古董行形成物美价贵，而且是有价无货，毕竟明代的稀罕物件能流传到现代实在是不容易的事。

待客之道

敦煌壁画上的榻

三

　　古代的"榻"和床是相似的家具。《释名》载："长狭而卑曰榻。言其体榻，然近地也。"《通俗文》说"床三尺五曰榻，板独坐曰枰，八尺曰床。"可以说榻是一种窄、矮的坐具。《说文解字》解释"榻，床也。"榻、床实质上并无分别，当今外国元首访华住宿过夜，媒体就说"下榻"。床是晚上用的卧具，较大，放在卧室；榻是白天用的坐卧具，较小，放厅堂和院中。东汉乐安太守陈蕃，为本郡高士周璆在府上特设一榻，周走就挂起来，以视尊敬贤能。三国时孙权宠信鲁肃，与之"合榻对饮"讨论国事。悬挂和合并，说明榻很小。但后来床榻概念逐渐混淆，清末民国初大烟馆专门供躺卧抽大烟的床就叫烟榻。

　　敦煌唐宋壁画中的榻图像很多，装饰壸门的榻始见于西魏壁画上，还有数量较多的四腿榻和带壸门并在足底加托泥的榻、少量的四周围有帷幕的榻和圆形榻等。众多榻图像的出现，说明榻在当时敦煌家庭中的使用颇为普及。

（一）带壸门在腿足底加托泥的榻

敦煌壁画中这种榻的图像主要集中在唐宋时代，西魏、北周、隋代很少。莫高窟西魏第 285 窟南壁，绘有"沙弥守戒自杀"的故事画。佛经中说，一乞食比丘德行高尚纯洁，远近闻名。一长者闻比丘之名，送子出家，剃度落发为沙弥，乞食比丘教诲小沙弥要严格遵守清规戒律。一日，小沙弥受乞食比丘的派遣，到优婆塞（居士）家乞食，正逢主人夫妇不在，独自守家的少女为其开门。少女见沙弥面容清秀，顿生爱慕，强求与之婚配，沙弥无奈之下，为求佛戒只好刎颈自杀，少女见状悲痛欲绝。优婆塞回家，少女如实哭诉。优婆塞将此事报告国王，并缴纳罚款。国王为沙弥之举感动，起塔供养。画中正是少女向父亲哭诉小沙弥自杀的情节，优婆塞正坐于榻上，该榻与汉魏及两晋时代的榻完全一致，足底下未见托泥（或许是他物遮挡和颜色脱落），它的造型与北齐杨子华创作的绢本设色《北齐校书图》（宋代摹本）上的装饰壸门的大榻非常相似。北魏和西魏的榻高度明显比汉、魏晋时代的高，早期榻通常足下不加托泥（图 8）。隋代第 314 窟西龛南侧《维摩诘经变》"问疾品"，文殊菩萨盘坐的一张正背面装饰二壸门、左右装饰一

图8　第285窟
文殊榻

壶门的榻式座，而对面的维摩居士坐的同样的榻式座的托泥仍然存在，
文殊坐榻托泥等处的颜色和线条痕迹似有似无，这一颜色脱落的痕迹
在初唐第 323 窟南壁隋文帝迎请昙延法师图像中表现得较为突出。法
师所坐每面均装饰一壶门的榻式高座的足底所加四根托泥中，后边和
左边脱落的托泥成为白色，而且后边的一根腿足也脱落成为白色条，
看不见痕迹；前边和右边的托泥在中间各有一小段脱落，两端还清晰
看出为家具木质的黄褐色，这可能是颜料中的胶质过多，加之时间长、

当地气候干燥，从而造成颜料大块脱落，露出作画时的原始土白底色，足底的托泥是缘于时间和大自然造成的氧化、变色、脱落，这些问题在北朝至唐代敦煌壁画中表现得比较显著。隋第 420 窟顶藻井（即彩绘天井）南披《法华经变》"火宅喻"，一由四立柱撑起的斗帐中僧人背靠隐囊，后围折扇屏风，帐后有弟子听讲，所坐四方框架式榻，足底托泥颜色也不显似脱落。另有盛唐第 445 窟北壁《弥勒经变》妇女"剃度图"中，供养人给这些剃完头的僧尼供养了供案上放置的筐箩盛的袈裟，这件供案是装饰有六壸门的极矮的案，足底应该有托泥，但已看不清楚。佛经中说，未来佛弥勒降世之后，为儴佉王等说法，听法后儴佉王、王妃、太子、大臣等剃度出家。该经变是以社会实际现状描绘弥勒世界人们的行为，诸如出家、修行、嫁娶等。

　　敦煌壁画中榻在西魏壁画上始见带壸门、足底下加托泥。榻的形状有正方形和长方形。佛教中有一位在家修行的居士叫维摩诘，他是古印度毗耶离城的大富豪。他虽然没有剃度出家，但对佛法的理解却超过了佛的诸大弟子。维摩居士拥有人间的一切财富，拥有妻妾儿女而远离五欲淤泥。他神通广大、辩才无碍，经常演讲大乘佛法，喜欢与他人辩论经义，曾与智慧第一的文殊菩萨进行过精彩的辩论，描绘维摩诘与文殊辩论佛法的画面被称为《维摩诘经变》。莫高窟隋代第423 窟人字披顶西披后部平顶《维摩诘经变》壁画上，方丈室内的维摩居士就独坐在方形矮榻之上（图 9）。

莫高窟隋第 303 窟窟顶人字披《法华经变》壁画上，一房中讲经者独坐在一方形榻上，房外众弟子跪坐听法。榻两腿之间形成壸门装饰，

图 9　第 423 窟　方矮榻　隋

图 10　第 304 窟　方形榻　隋

有火焰纹九齿牙子（一般指面框下设置连接两腿之间的部件，家具上的"牙子"，实际是起固定作用的，后来又有装饰的功效），足上细下粗（图 10），高度比前文列举的第 423 窟维摩居士所坐矮方榻高。同期的第 314 窟西壁龛外南侧的《维摩诘经变·问疾品》，文殊跌坐的榻也是如此（图 11）。隋代第 427 窟中心柱南向龛沿《须达拏太子本生》的独坐榻，上面还放着栅（梳背）足翘首几（图 12）。

　　莫高窟初唐第 203 窟西壁龛外南侧上部《维摩诘经变》，维摩居士左手持麈尾，箕踞坐在一框状、右侧装饰一壶门、正面装饰三壶门、

图 11　第 314 窟　方形榻　隋

图12　第427窟　……

足底加托泥的长方形矮榻。与之相对的龛外北侧华盖下文殊菩萨坐一张与居士相同的榻。二榻的高度按比例有菩萨的头高。榻前还放一矮小、四面均一壶门、足底加托泥的榻式供案，上放长柄香炉和净瓶（图13）。

　　敦煌壁画中带壶门、足底加托泥的榻缓慢增加，但明显要晚于中原地区。与此期相同的榻，有初唐墓葬出土的带壶门、足底加托泥的三彩陶榻等。佛教中有时还宣传高僧们的神通法术，后赵皇帝石虎非常尊崇高僧佛图澄。传说有一次石虎与佛图澄共坐时，佛图澄忽然说："幽州城起火了！"之后，佛图澄挥手洒酒，然后说："火已经灭了！"石虎派人到幽州查看，回来说，"当时幽州城四门起火，西南方有黑云飘来，降雨灭火，雨中居然还有酒气！"初唐第323窟北壁《佛图

图 13

澄事迹》这幅故事画中，石虎双手扶长方体案，坐带壶门的长方形榻，似乎还有牙子，四足横截面呈"Ｌ"形，实际其足底有托泥，氧化变色，看不清而已（图 14）。

佛教史籍中记载，586 年天下大旱，隋文帝请当时的高僧昙延法师入朝祈雨。这幅画面同样出现于第 323 窟南壁初唐绘《隋文帝迎昙延法师入朝》，隋文帝杨坚跽坐在每面均为二壶门的红色矮榻上，双手合十，榻足底似加托泥，高度不足人头高。对面法师坐在四方榻形高座上，法师坐的高座，实际乃是增高的有壶门、足底加托泥的榻（图

图 14　第 323 窟　长凳井栏　初唐

15）。唐宋时期的壁画中这种僧人独坐的高座很普遍，尤其是《维摩诘经变》中维摩居士所坐的这种带壶门、足底加托泥的榻形高座最常见，而且常常是在高座三面围折扇屏风，四角各一立柱以撑起顶部的华盖，从而形成半封闭的斗帐，类似明清"架子床"式的家具形式。

　　释迦牟尼的前世，曾经做过很多舍己救人的事，其中一世就是尸毗王。尸毗王心地善良，喜欢佛法，想普救众生苦难。帝释天和毗首羯摩变成鹰和鸽子，想考验他的志向。鹰紧追鸽子，鸽子逃到尸毗王的面前以求保护。鹰逼尸毗王说，"如果你不把鸽子给我，我也会饿死。"

图15 第 85窟 东披 尸毗王本生 晚唐

尸毗王为了保护两条生命，只好割自己身上的肉给鹰吃以救鸽子。鹰要求割下来的肉必须与鸽肉重量相等，并设天平称量。可是，尸毗王快要割尽了自己身上的肉仍不够鸽子的重量，但他为了表示诚意，举身坐上了秤盘。他的行为感动了天地，一时间天地震动，帝释天恢复了原形，以神通使尸毗王身体恢复了原状。莫高窟晚唐第9窟西壁《楞伽经变》"尸毗王本生"，王倚坐前后各装饰四壶门、左右各一壶门的长榻正在被割腿上的肉，榻边框有褐色大边和抹头，面心为石绿色；晚唐第85窟顶藻井东披《楞伽经变》"尸毗王本生"壁画中，尸毗王

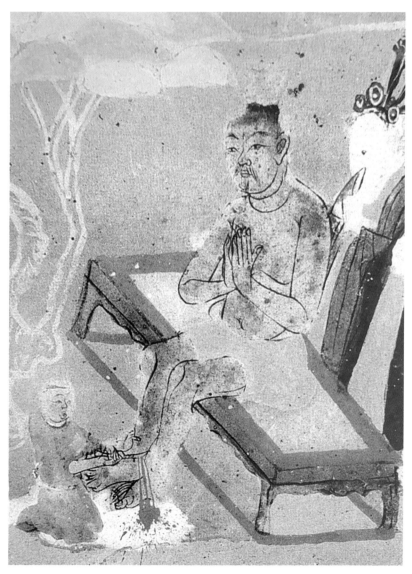

图16　第85窟　长方形榻　晚唐

倚坐长榻，前后各装饰二壶门、左右各一壶门、坐面长短边框为褐红色，足底加褐红色托泥，整体呈框状形（图16）。晚唐第9窟东壁门上左右两侧各二供养人持香炉共坐在一张前后各装饰六壶门、左右各二壶门、足底加托泥的矮长榻上，榻面画团花。唐代壁画中装饰壶门和足底加托泥的榻，是这一时期家具的主流，至五代、宋都是如此。唐以后带壶门、榻腿的横截面为"∟"形矩尺形的坐榻逐渐减少，但足底加托泥的榻却在增加，仅就典型的唐五代宋《维摩诘经变》中可看到高座式榻，由四面装饰一二个壶门、足底加托泥的单个人独坐的形式（初唐第220窟东壁《维摩诘经变》），渐渐变为四面装饰四个壶门，底加托泥的宽大形榻（五代第61窟东壁《维摩诘经变》），可以并排坐数人。

中唐第150窟北壁晚唐画《密严经变》上部左侧大殿中摆放一具前后各装饰四壶门、左右各二壶门、足底加托泥的大榻，右侧大殿中摆放一具四面均装饰三壶门、足底加托泥的大榻；中唐第158窟东壁南侧《思益梵天问经变》左右侧房中，都有前后各装饰五壶门、左右各二壶门的榻，与北侧《金光明经变》的榻式长供案样式相同，榻边框为褐红色大边、抹头，面心为淡绿色并装饰有十几个大团花。

图 17　第 61 窟
长榻　五代

中唐第 231 窟南壁《天请问经变》"天宫"，在一院落中的房间里，空放一具正面装饰五壶门、足底加托泥的大榻，背后立三扇红色长条框画花卉屏风，门外台阶下左右各坐三位演奏乐器的伎乐。装饰壶门的榻在中唐前后原本窄小的榻逐渐由小变大起来，到五代第 61 窟南壁《楞伽经变》"食肉生病"，还出现正面装饰有九个壶门、足底加托泥的大长榻，上可坐五六人，可谓敦煌壁画中装饰壶门最多、最长的榻（图 17）。同期第 146 窟西壁《劳度叉斗圣变》"圣僧助战"的四位僧人，就共翘足坐在一张由数个壶门装饰、足底加托泥的长榻上。

　　法国伯希和劫敦煌绢画五代后晋天福八年（943 年）题记的《千

手眼观音菩萨图》上，沙
州三界寺大乘顿悟优婆姨
（女居士）阿张，右手持一
长柄香炉盘坐在长方形榻
上，褐红色榻前后各装饰
三壶门、左右各二壶门、
足底加褐黑色托泥，榻边
框为墨绿色大边和抹头，
面心布满几十个土红色团
花，身后站立一捧包袱的
侍女。这件榻图像，要比
大部分敦煌壁画上的床榻
画更为精致（图18）；还
有伯希和劫敦煌绢画五代
《十一面观音菩萨像》下部，
戴襆头的敦煌人程恩信和
敦煌大乘寺比丘尼其亡

图18 敦煌绢画《千手眼观音菩萨图》局部 五代

姐，分别相对盘坐在一具前后各装饰二壶门、左右各一壶门、足底加黑褐色托泥和一具前后各装饰三壶门、左右各一壶门、足底加黑褐色托泥的土黄色榻，榻身上都绘有土褐色木纹理，二人各手持一长柄香炉。以上所见榻高度尺寸通常是一个人头的高度。榻的边框均有大边和抹头。同期第98窟东壁《维摩诘经变》中，可以看到当时县学、州学学堂或寺院学堂，学生包括教师的坐具仍在使用榻，这幅画面中老师坐在一具左右各装饰二壶门、前后各一壶门、足底加托泥的褐色榻上，上面似乎配置有一件褐色帷幕书案，案面放有写卷。维摩居士左手持长柄麈尾，规劝双手在做手势的教师，而三位学生都手捧写卷共盘坐在一件左右各装饰约一壶门、前后各三壶门、足底加托泥的褐色长榻上。师生坐的榻边框都有褐色大边和抹头（颜色多数脱落），面心均为绿色。晚唐第85窟《楞伽经变》和五代第61窟《楞伽经变》中的"王四天下"中仍有这类长榻。宋第76窟东壁门南《八塔变》"释迦降生"，净饭王坐一具四面均装饰二壶门、足底加托泥（颜色已脱落）的褐红色方榻，榻边框有灰色大边和抹头、面心为绿色，正抱太子给相师阿私陀仙请给释迦占相。榻上画大边和抹头，说明当时床榻的制作工序较为复杂，至少床榻面板与其边框是分开的，造床榻的木工工具在逐渐改良和发展。所以这种榻不仅可以做坐卧具，略加增高就可成为桌案家具。

敦煌壁画上装饰壸门、足底加托泥榻的图像与唐宋名画多相同，其形态没有大的区别。古代由于床、榻功能的区别，卧室置大坐卧具即属床，而放置在室外客厅、庭院等处的小些的坐卧具，也不论是四腿的，还是装饰壸门足底加托泥的均属于榻的范畴。敦煌文献 P.3638《辛未（791 或 851）年正月六日沙弥善胜从师慈恩领来器物食物历》有"新踏床壹"、"故踏床壹，无当头。肆尺小踏床子壹"，其中的"踏床"估计应是敦煌唐代当地人的"榻"家具。莫高窟五代、宋时期的大型洞窟中的四角通常画有东、西、南、北四大天王，他们多坐在装饰有数个壸门、足底加托泥的榻上。然而，天王所坐的榻又与佛、菩萨坐的须弥座很相似，如晚唐第 18 窟东壁《维摩诘经变》文殊菩萨就坐每面均装饰二壸门、足底加托泥的褐色榻式莲花座上，在该座底装饰的是一圈覆莲花瓣，而在座面上则装饰的是大仰莲花座，文殊盘坐其上。敦煌唐五代宋《维摩诘经变》壁画中，文殊菩萨通常是坐此类宝座的。敦煌石窟所见佛教诸神祇，多是坐装饰有壸门（里面画有瑞兽、伎乐、宝珠等）的榻式须弥座的图像，尤其是五代宋诸天王所坐这类宝座较大。佛教艺术中出现装饰壸门的须弥座式的宝座，应借鉴了传统的汉魏时代装饰壸门的榻家具模式。

（二）四腿榻

　　两晋前后，在流行装饰壸门榻的同时，仍有四腿床式的榻。早期佛教是把当时当地的用具随手移植到佛教艺术品中，以适应当时的社会，希冀人们能迅速接受佛教，融入华夏社会，使佛教中国化，敦煌以外地区也大多如此。莫高窟第 275 窟门南侧有一堵隋代重修时加的墙，上画有约四幅女子各跽坐于四腿榻的图像，榻腿约有跽坐者的头高，此四腿榻有别于其他榻的地方在于：榻面四角上各有一双圆圈装饰，这在敦煌早期和晚期壁画图像中是绝无仅有的，属于敦煌壁画中较早的四腿榻（图 19）。莫高窟隋第 303 窟顶前部西披《法华经变》中绘有两幅各有一人拄一细杖跽坐于四个上细下粗高腿足的独坐榻上，形状如同四腿高方凳，面前也各有三位或跪或站的听众听讲。此榻按比例高低大小理应属于高座，榻上的人物也都比听讲的众人要高大些。虽然此榻可以倚坐其上，但当时由于囿于礼俗和习惯势力，俗人是不敢倚坐在这类榻上的，认为凡是倚坐皆是胡人的行为做派，不合华夏

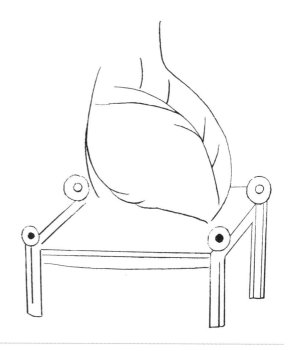

图19 第275窟
四腿矮榻 隋 向森绘线图

礼俗，故而那时的僧人通常也是踞坐或盘坐在榻上的。同样四腿上细下粗的榻，隋第419窟西龛外北侧《维摩诘经变》居士就是踞坐于这种榻上，而且还应属于独坐，因为刚够一人就座，高度也就是一个人头的尺寸，该类四腿榻在此窟是最多的。上海博物馆藏的隋代青铜《阿弥陀佛造像》，佛像全置在四腿上细下粗横截面为"∟"矩尺形的长方形榻式座上，四面为壶门造型，但四腿足底并未加托泥，这种情形与敦煌西魏、隋代壁画中的四足榻相同，大概北朝时代风尚如此。

从魏晋南北朝时期榻的图像资料看，从西向东和北方地区，其四腿矮榻的基本形式并无大的变化，当时家具发展基本同步，制造水平

尚无大的差别。这种迹象表明，传统的礼仪制度对贵族家庭中家具的
发展可能存在某些制约。唐以来带壶门的、榻腿的横截面为"∟"矩
尺形的坐榻逐渐减少，但带壶门、足下加托泥的榻和四腿床式的榻同
样在增加。莫高窟初唐第 321 窟南壁《十轮（宝雨）经变》"狩猎"

图 20　第 321 窟　四腿矮榻　初唐

壁画中，猎户正向主人汇报，主人正坐在一长方形四腿矮榻之上（图
20）。盛唐第 148 窟南壁龛上《弥勒上生下生经变》"拆幛"中，大
型帷幕供案左右各有二排穿袈裟的僧人，前后摆放两具四腿矮长榻，
每三位双手合十的僧人并排盘坐其上。榆林窟中唐（盛唐）第 25 窟北

图 21　榆林窟第 25 窟　长方形四腿榻　中唐

图22

壁《弥勒经变》壁画上，一僧人双手持经卷讲经，趺坐长方形四足榻，榻边框有大边和抹头，榻前有一弟子跪坐听讲（图21）；莫高窟中唐第159窟西壁龛内南壁屏风画《药师经变》中，有两人共坐一具褐红色四腿长方形大榻，榻边框也画大边、抹头，面心画有数个黄色大团花，足的高度仅有一个人头高，还有第468窟北壁五代画《药师经变》"巫术驱鬼"画面，有一矮四腿土红色大榻，一榻坐一小孩儿、一榻坐男女二人，女巫和法师在旁边做法，榻边框都有绿色大边和抹头。

观世音菩萨是众所周知的救苦救难的大菩萨，如果有人受到男女情爱的诱惑不能自拔，只要一心称颂观音名号就可立时解脱。莫高窟晚唐第12窟南壁《法华经变》壁画的这一情节中，帐中男女二人一起跪坐在一矮四腿的长方形榻上，足呈四棱形状，其高度不到人头高（图

图 23　学堂图
莫高窟·五代

22）。敦煌藏经洞出土的晚唐绢画《佛传图》中也画有室外睡人的四
腿榻和在学堂各有二人分别持写卷比赛学习共坐四腿榻。莫高窟五代
第 98 窟东壁门北《维摩诘经变》壁画中，居士手持麈尾，趺坐一方形
四足独坐榻，其高度也不到居士的头高（图 23）。五代第 61 窟南壁《楞
伽经变》"尸毗王本生"，王倚坐四腿长榻上，正在被人割腿上的肉，
榻边框有褐色大边和抹头，面心为石绿色。

　　榻，早期大多数是跽坐（也就是跪坐，两膝着地，两脚背朝下，
臀部落在脚后跟上，目前日本大和民族还保留此坐姿），这一特征又
与秦汉时代的床相适应，符合当时矮坐具的坐姿习惯。汉至唐代，床
通常是指睡觉用的卧具，榻只能是作为休息和待客的专有名称，请客
人坐独榻有"以示尊敬"之意。榻是对外用的，床则不可。据信阳长

图24　第95窟　槐　元

台关战国楚墓出土的六足漆木大床推测：四足的榻，时间上似乎要晚于四足的床，因为"榻"字晚于"床"字出现，开始有宽窄的区别，至迟在唐代，床和榻的概念已经模糊。榻，五代、宋依然是以坐为主的家具。元画中装饰壸门、足底加托泥的床与敦煌唐宋壁画上的床榻差别不大。元张渥《竹西草堂图》上，厅堂内一隐者倚坐在长方形矮榻上，腿间形成壸门造型。

　　莫高窟元代第 95 窟西壁壁画中，一罗汉依三足凭几，坐在一长方形四个三弯腿足（仅见二足）的榻上（图 24）。元代统治时间短暂，家具几乎都是继承宋代家具的模式，只有不多的独创，加之左右带围栏的二人共坐的平台床似"罗汉床"式的座具，榆林窟第 6 窟第二层明窗前室门南、门北下部各一对蒙古族男女共坐这种座具上。元刻《事林广记》插图也有类似的三面围栏的床榻，但元代这种带围栏式的床榻比起辽金时期同类床榻要大，这符合蒙古族豪放不羁的性格。元代的创新家具并非单一形式，敦煌元代壁画为我们对元代家具增加了新的认识。

图 25 | 第 76 窟
观无量寿经变 宋 杨森白描图

（三）圆形榻

　　敦煌壁画上还有与圆凳相似的单人榻。莫高窟第 76 窟南壁宋画《观
无量寿经变》中，有一特大型的圆座具，正面仅见三足，足底托泥可
能已脱落，故足似"银锭"式，一人独坐其上，若坐两人都绰绰有余。
圆形榻略有束腰，榻腿之间形成壶门，仅见二壶门，此榻家具史上罕
见其图像和记载（图 25）。据此或可看出宋、西夏、辽、金时代社会
变化剧烈，各民族物质和文化生活交往频繁，致使居民生活的用具包
括家具在内，存在相互学习、借鉴、模仿的趋势，而这种趋势还影响
到了元、明、清时代家具的形式。圆形榻在中原和河西等地宋元时代
可能流行过，可惜未见实物。圆形榻与圆形凳，尤其是明清时流行的
开光圆凳之间可能有互相影响的关系。

（四）独特的四面围帷幕榻

　　敦煌壁画中除上述几种榻外，还有四周围有帷幕的榻，如榆林窟第 38 窟前室北壁五代画《地藏与十王厅》上，有九个大帷幕围四周的长方形榻（有的上面似有围栏），上各置小形条状供案，王坐小案后，上放写卷。

图26 榆林窟第38窟　帷幕榻　五代

地藏菩萨是中国人最为信仰的四大菩萨之一，他曾经发下大愿"地狱不空，誓不成佛"，后来便发展成为地狱的主管，其下属就是地狱中的十王，也就是冥府里裁断亡人罪业的十位判官，民间俗称"十殿阎王"。敦煌壁画中有不少"地藏十王厅"图像，就是表现地藏菩萨主持地狱十王审判亡者的场景。榆林窟第38窟前室北壁《地藏与十王厅》图上，一王坐在榻上，前有一帷幕书案，榻面下部四周围幕布，无腿（图26）。在莫高窟第384窟甬道顶五代画《地藏与十王厅》图中，有相同的场景和家具配置。一王坐在榻上，前有一帷幕书案，榻面下部四周围幕布，不见榻腿；还有两幅戴冕旒的国王与王后共坐在带围栏的榻上，榻面四周有横杆和竖栏杆组合的围栏，围栏的下部一周围幕布，下面也是四方平台，上画纹饰，无腿。这类榻，在家具史上是鲜见的。该种榻，可视为敦煌壁画中独特的一类榻图像。

原古遗风

敦煌壁画上的坐墩

四

敦煌壁画中的坐墩类高座具图像，自北凉始，形状较多。北朝时集中在《本生故事画》和据《贤愚经》绘制的故事画以及《五百强盗成佛故事画》中；唐宋时期高座具图像多出现在《弥勒经变》《报恩经变》《地藏与十王厅》《法华经变》《劳度叉斗圣变》等经变画面中。筌蹄坐具，北朝时期图像甚多，早期的呈安塞腰鼓形，也有束腰形，唐宋时期图像除束腰形，尚有堂鼓形、毛员鼓形、圆筒形、陶缸、陶罐形等。"高座"则出现在唐宋时的《佛教史迹画》《维摩诘经变》《法华经变》《观无量寿经变》《金刚经变》等经变中，它属于僧人的专座，民间场景少见。

（一）坐墩

敦煌壁画中的坐墩数量相当多，北朝壁画中数量少，集中出现在唐宋壁画上。敦煌壁画中坐墩有筒形、圆扁鼓形、堂鼓形、上粗下细陶缸形、覆盆形、陶罐形等。这些坐墩，多数当是仿日常生活容器制作的坐具，如甘肃的马家窑等史前文化遗址中出土的彩陶罐、缸、盆器皿等，这些传统的器皿造型延续数千年，而且分布的面很广。

坐墩，早期的有在中东地区玛里出土的公元前2900或前2400年"艾泽依鲁的像"，人物坐二十余层如草垫堆积成圆筒形的高墩上。古希腊约公元前540年的黑绘式花瓶画中有筒形的圆坐墩，高度约有人小腿高，已经达到现代凳子和椅子的高度。犍陀罗佛教艺术成熟期阶段的《舍卫城芒果树下现大神变》作品中，着僧衣的金刚力士坐倒梯形墩。印度2世纪至4世纪的作品《降魔成道》《宫廷生活和决意出家》《初转法轮》《菩萨半跏思惟像》中均有藤编纹藤墩和腰鼓形坐墩。4世纪罗马帝国时期的《石棺》作品上面，也刻有倚坐的筒形坐墩。

我国目前所见最早的坐墩图为战国时期，江苏的汉画像石上有坛子形坐墩，东汉石刻有扁鼓形坐墩；莫高窟北凉第272窟西壁塑并腿的倚坐佛像，佛座是一具四方土墩，双足踩踏很薄的长方形脚踏上，背后绘头光和背光，该佛的四方墩宝座，当理解为佛的"金刚座"？同期北凉第275窟西壁塑交脚弥勒菩萨坐像也坐同样的四方墩宝座，这类四方墩座，对后来出现的四腿方凳等高坐具究竟有没有影响或借鉴，目前还不好猜测。陕西出土的唐代说唱俑有倚坐的筒形坐墩。中原地区出现的坐墩，与敦煌唐代壁画上的坐墩图像相同。在佛教故事中，善友太子入海后取得摩尼宝珠，在归途中被他的弟弟恶友刺瞎双眼，

图27

宝珠也被夺走。善友双目失明，流落到利师跋国为王宫看守果园，常常抚琴借以抒怀。利师跋国公主闻声而至，对善友产生爱慕之心，最后帮他回国即位。莫高窟晚唐第85窟南壁《报恩经变》的这一画面中，善友坐墩，在树下弹琴，利师跋国公主倚坐在一水纹装饰的三同心圆坐面圆筒形坐墩上，墩表面一圈是由藤条、竹篾条等编制的纹饰组成（图27）。五代第100窟南壁《报恩经变》中，利师跋国公主也倚坐同样纹饰的圆筒形坐墩。五代第98窟南壁和五代第61窟南壁《弥勒经变》男"剃度图"中还出现了编织成方格网状和竹编筒形坐墩。敦煌出土

图28　敦煌文献 P.2002 号
吴敬　唐末五代

图29　第 445 窟　莲蓂形坐墩　盛唐

的法藏文献 P.2002 背面白描画中也有一坐面为方格纹饰的坐墩，周围饰回纹，呈圆筒形，高度至人的膝盖（图 28）。莫高窟盛唐第 445 窟北壁《弥勒经变》赏乐舞的场景中，有一位客人坐在一件似酒樽形的坐墩上，这应属敦煌壁画中独一无二的一种坐墩坐具，家具史著作中未见此类坐墩（图 29）。然而该坐具也可能是壁画颜料脱落造成的目前所看到的结果，它或许就是装饰有壶门、足底加托泥的榻式长凳座具，因为其如银链式的腿足与旁边装饰有壶门、足底加托泥的榻式案的腿足非常相像。盛唐第 148 窟东壁门北侧《药师经变》"九横死"，一身穿黑褐色衣服的男子半跏趺坐在一筒形坐墩上，右手竖起食指说着什么，身后站立随从，面前一人右手拿长棍棒挥舞着。坐墩黑褐色底上一圈装饰彩色圆圈等纹饰，色彩的视觉效果极似螺钿装饰。榆林窟中唐第 25 窟北壁《弥勒经变》男女"剃度图"中共有六件矮筒形坐墩，其中一待剃发的妇女坐一淡绿色矮筒形坐墩，上绘一圈同心圆、中间一圈三道弦纹、下绘一圈开四瓣的花；还有一女宾客也坐同样的红色坐墩。

另，莫高窟第 454 窟主室佛坛南壁清代画花鸟屏风六扇中第四扇上画有二人对弈，其中一人则是倚坐在淡蓝色鼓墩座具上的，圆形坐面，鼓出的每个面似开光形装饰，每个花叶弯曲的向下形成腿（仅见二腿），再在这些腿下加一圆圈足，此墩做工精致。这种坐墩在敦煌壁画中是少见的。

（二）筌蹄

"筌"是竹编的捕鱼具，"蹄"是竹藤编织的捕兔器具。《庄子》有"得鱼而忘筌""得兔而忘蹄"之语，筌蹄当是从这些捕猎工具演化而来的坐具。敦煌壁画中早在北凉壁画上即已出现"筌蹄"坐具，唐宋时代所见也不少。

敦煌壁画中最早的筌蹄，首推莫高窟北凉第 275 窟北壁《月光王本生》故事画中月光王倚坐的筌蹄。佛经中说，月光王仁明慈悲，救济贫困，爱民如子。有一毗摩斯那王，很妒忌他，悬赏找能取月光王头的人。外道劳度叉应募，冲破重重阻力，来到月光王面前，向月光王乞头。月光王不顾众人劝阻，毅然应允，并说过去已经布施过 999 颗头，再施一次就满一千了。于是他将头发系在树枝上，让劳度叉砍头。画中月光王就坐在筌蹄上，座具表面只装饰三根黑粗的竖曲线，当属

图30

藤编坐具（图30）。初唐331窟东壁《法华经变·序品》中四天王
并腿倚坐在束腰座具上，其中二位座具束腰部位是褐色、绿色组合的，
显然不是束腰莲花座。

盛唐第445窟北壁《弥勒经变》男"剃度图"中的场面，也有二
人坐筌蹄，表面不见有纹饰（图31）。晚唐第196窟西壁《劳度叉斗
圣变》中，斗法失败的外道半跏坐在一较大的腰鼓形束腰座上，接受
比丘为其剃度，这种座具也当称作筌蹄（图32）。

如上所举，筌蹄坐具不仅限于束腰形，还有筒形等。只要是画有

图31 第445窟 至尾 盛唐

图32 第196窟 至尾 晚唐

方格、网状纹饰的坐墩，画工表现的可能就是用藤竹等材质编的，因而就可以被认为是筌蹄，筒形筌蹄多出现在中、晚唐以及五代、宋时期的壁画中。

（三）莲花高座

佛祖释迦牟尼从一出生就不同寻常，他出生没多久占相师就从他的面貌上预言了他不平凡的未来。在莫高窟西魏第 285 窟南壁"五百强盗成佛"画面，双脚踩莲花脚踏、坐高大的莲花墩座正在为盲眼的强盗说法；北周第 290 窟窟顶前部人字披东披《佛传》壁画中，为佛陀看相的占相师坐于覆莲式高座上，似高脚酒杯形状，座底为五瓣莲花组成，这种座具也是敦煌壁画中独一无二的。其他图像资料中，目前相同的例证还很少见（图 33）；隋第 280 窟顶人字披东披《涅槃变》和隋第 295 窟顶人字披西披《涅槃变》、还有隋第 420 窟顶藻井北披《摩诃摩耶经》，佛母摩耶夫人均是并腿倚坐束腰莲花座注视佛陀，但第 295 窟的束腰处则有一道箍、第 420 窟束腰处却有二道箍；隋第423 窟顶人字披西披《弥勒上生经变》中两位思维菩萨即弥勒的化身，

图 33 第 290 窟　莲花藻井　北周

均是坐束腰莲花座为往生者授记和在供养菩萨前做思考状，这一情景又与隋第419窟顶人字披后部《弥勒上生经变》有相同的思维菩萨授记摸顶、做思考状的画面，也都是坐束腰莲花座，其中有一个束腰为网状、中间还缠两道箍。该窟西龛外南侧《维摩诘经变》的文殊菩萨同样倚坐束腰莲花座；初唐第334窟南壁《净土变》佛倚坐说法，其前方左右各一佛二菩萨，此二佛均是右腿脚圈起以游戏坐的姿态就坐束腰大莲花宝座；新发现的盛唐第31窟南壁《卢舍那佛》(《金刚经变》)中，描写释迦牟尼乞食回驻地，"敷座而坐"，但该画面画的坐具仍然是束腰莲花座，一女子为佛陀洗脚，左右各一圆吊环的脚盆放在一具四腿小矮凳上。《金刚经》上记载佛陀乞食回住处，"洗足已，敷座而坐"，是他自己亲自动手洗足，而非别人侍候，这是当时原始佛教等修行者普遍的自律行为。壁画上出现的这一幕，应是佛教中国化通俗的描绘和演绎。佛教艺术品中佛坐莲花座是最为普遍的，敦煌石窟塑像和壁画中，佛坐束腰莲花高座也非常多。若非佛陀坐的束腰莲花座，并且莲花座整体有网状结构，可能就应归于"筌蹄"家具一类了。束腰的莲花高座，在全国其他佛教石窟艺术中也都很常见。

（四）长方体坐墩

　　莫高窟北凉 275 窟西壁交脚弥勒菩萨主尊塑像正是就坐在长方体的坐墩上，此坐墩属于佛教石窟中佛、菩萨、天王等神祇们的专用宝座坐具，或许可称作"金刚座"。在其他石窟和文物绘画和雕像作品中，也偶尔可见此种长方体、四方体等的神祇的坐具。榆林窟西夏第 3 窟东壁南侧《五十一面千手眼观音变》"锻铁图"，一位拉风箱的铁匠正是双腿向前倚坐在一件长方体的坐墩上，这件物件应该是普通人劳作的附属工具，属于那种很简陋的坐具而已，并非家居必备之物，此种坐墩敦煌壁画中也罕见。

奇思妙想

单、双人『胡床』的演变和交椅

五

　　"胡床"，隋代曾被称作交床，明清时代则称交杌、马扎、马闸、马闸子等，是古时一种可以折叠的轻便座具。汉代及以后的文献记载不少，从陆续出现的图像和敦煌北魏时期壁画中出现的双人坐胡床，使我们对此家具有较为形象、全面的了解。

　　据目前所见图像和实物资料，胡床家具源头在古巴比伦和古埃及。古代两河流域地区约在公元前 2000 年著名的"弹箜篌图"中，演奏者就坐类似于软屉（家具中凳面、椅面、榻面等采用藤、竹篾、皮条、绳索等编成的面）坐面的胡床上。保存完整的实物遗存物胡床家具，是 1922 年考古发现的埃及第十八王朝末期年轻的法老图坦卡蒙（前 1325 年）的墓室中出土的，国王床下放置的低矮而做工精致小巧还有金属构件的胡床（马扎），它左右有两对相交叉的腿呈"X"形，有交叉点，可折叠、另外一只则是可以并腿倚坐的木制胡床，精致程度略逊前者。这两种高低不同的胡床，是目前世界范围内所见最早的胡床实物（图 34）；古埃及新王国时代的"动物

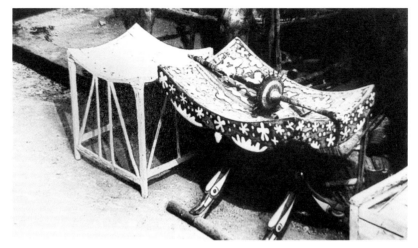

图34 埃及法老图坦卡蒙墓出土　胡床　18王朝末期

戏画"（绘于公元前1100年左右）中，有一头山羊坐在腿呈"X"形
兽足的胡床上，与对面的一头坐在四腿单枨兽足方凳上的狮子正在下
古埃及棋。公元前8世纪末期的亚述帝国和公元前6世纪至前4世纪
波斯帝国时代的艺术品中也多见胡床图像，古希腊红绘和黑绘陶瓶图
案上男女人坐胡床图像更多。

　　"胡床"传入中国应在战国秦汉时期，是经过古埃及、古希腊、
西亚等地区，由境内外许多民族逐渐随丝绸之路沿线辗转输入到我国
的，或因为战争、商品贸易、民族迁徙、外交使团、游方僧侣、民间
往来等途径传入。中国目前最早的"胡床"图像当属东汉，实际使用

的时间应早于图像出现的时间。山东长清的孝堂山石祠神异、车骑、战争、狩猎画像石上的图像，无疑是我国目前所见最早的胡床图像，其高度约有旁边站立人的小腿高，已经达到垂足坐的程度（图 35）。该祠是汉章帝、和帝时期（76—105 年）修建的墓地祠堂，北魏郦道元《水经注》曾最早记录过。

　　胡床，首先是作为高座的代表性家具在汉代出现，而处丝绸之路重镇的敦煌则紧接西域。北朝民族大融合，西北地区的少数民族纷纷迁移中原，其不同的生活方式、习俗也随之传来，诸如胡床、高凳、

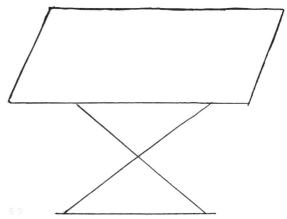

图 35 山东孝堂山石祠　插图　李文

圆凳、筌蹄、椅子等高座家具，从而丰富了席地坐、用低矮几案等家具的汉族聚居区人民的家具种类。

在敦煌北魏第 257 窟西壁《须摩提女因缘》故事画中，就出现了目前所知敦煌壁画中最早的一幅胡床图像。佛经中说，须摩提女笃信佛教，她的夫家却信外道。她的公公满财听说佛祖神通广大，让须摩提女请佛到家里赴宴。佛得知其中的意念，带弟子赴宴。佛弟子各显神通，坐着各自变化的动物来到满财家。满财一家看到佛及弟子的种种神通，惊叹不已，最后都皈依了佛教。这里二梵志（夫家的两位长者）垂足共坐一长胡床上，高度有人的小腿高，故事内容和服饰均是天竺的。双人坐胡床形式后世罕见，双人坐形式就是在众多的古希腊美术品中也罕见，古希腊的胡床都是单人坐的很小的"马扎"形状。胡床是在佛教传入中国前后进入的，或更早，并非同时输入（图 36）。

佛教在东汉初期传来中国，只是说已经到达中原政治统治中心而已。实际上佛教步入我国境内的时间要早得多，应是秦汉时期。佛教自传入中国伊始，传播者就以积极进取的态度融入华夏人民的观念、生活中，直到佛教中国化形成，因而不可能将当时人民不甚了解并有抵触的外来家具胡床带进来，否则不利于自身教派的发展壮大。可以

图 36 第 257 窟　双人坐胡床　北魏

说胡床的传入，似与佛教无关，而且东汉胡床图像还早于正史记载汉
灵帝好胡床的时间近百年。所以，胡床的传入时间提前到西汉也不为
过甚至更早。孝堂山画像石中的胡床是堂而皇之地刻在祠堂上，首先
它必须有被部分人接受作为前提，之后是人们熟悉、认可，最后多数
人情愿使用它。从记载看，胡床的构造宋元时的解释较为详细。胡床
的使用先是皇帝，再就是大臣、官僚，然后逐渐普及。

图 37　第 296 窟　胡床　北周

　　胡床坐姿就是踞坐亦即垂足坐，而且适合各种场合，南北朝时期多见用于室内、庭院、战事、楼房上、狩猎、竞技射箭、旅行携带、放置在车船内等。佛经中说，商队如果遇到强盗，只要有人当即一心称颂观音菩萨名号，就可以摆脱强盗顺利通过。莫高窟北周第 296 窟顶藻井西披《贤愚经变》中也有胡床，并隐约可见"X"形腿，是表现占相师为"善事"太子占相的情节（图 37）。莫高窟隋代第 420 窟顶藻井东披《法华经变》的这一画面中，有一戴头盔穿铠甲的军人武士即坐一胡床，正在审讯劫掠商旅的强盗，远处一对穿铠甲的骑兵正围剿一群举着盾牌反抗的盗贼（图 38）。

图38 第420窟 隋末 顶部

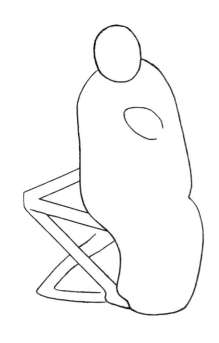

图39 第146窟 胡床 五代 杨森白描稿

这一时期胡床的使用虽然范围较广，但还是局限于富人、军人和官员中。妇女坐胡床图像敦煌壁画中似乎到了晚唐、五代时才有，五代第146窟西壁下部《贤愚经变》诸品屏风画中，有汉人倚坐胡床的图像，因画面漫漶尚不敢完全确定为女性（图39）。

南北朝时期多将"踞"字写作"据"，即垂足而坐，敦煌北魏壁画中的双人坐胡床和唐宋壁画单人坐胡床同样是垂足而坐。南北朝时期胡床的利用人群，看似遍及各个阶层，但从当时胡床的使用数量及人物身份分析，基本上仍局限于富贵人家，因为它在"当时家具品类中是等级较高的品种，通常只有家中男子或贵客才有资格享用"。隋《大业杂记》和唐《贞观政要》有隋炀帝因忌胡人，而改胡床为交床等的记载。隋代垂足坐胡床，也还受到传统观念很强人士的反感。至唐代许多诗人如刘禹锡、王维、崔融、李欣、杜甫、李白等，多有咏胡床的诗句，可以想见大唐文人骚客对胡床的熟悉和爱好。胡床的使用不仅在大唐的中心地区存在，连丝绸之路沿线也时有出现。2019年甘肃天祝岔山村武后大周吐谷浑王族（大可汗陵）慕容智墓出土有金属制"胡床"（马扎）家具实物，它是上下均绷丝绦或皮绳软屉的坐面，这也是"胡床"家具罕见的事例，它和《大慈恩寺三藏法师传》记玄奘去印度途经素叶城时遇到突厥可汗，可汗请法师坐的"铁交床"，应当就是相同的这种金属坐具。五代时期，包括敦煌壁画在内的图像，反映上层至民间百姓使用胡床的史实已很多。敦煌曹氏归义军时期的文献法藏 P.4061V《壬午年内库官某状》有"伏以今月十七日，支达恒大部跪拜来大棉袄子三领，胡□壹张，未蒙判凭，伏请处分。壬午年闰十二月日头都知内库官曹。""胡□壹张"，唐耕耦先生将它释读为"胡 [床] 壹张"，可能是正确的。敦煌文献中有关胡床的实物记载盖仅此一件文书。

纵观北魏至宋代壁画中胡床的发展，其外观形状无大的变化，与

图40　第61窟文殊　五代（李振甫、万庚育绘）

古埃及和希腊以及两河流域文物上所表现的胡床形态也无大的差别，但敦煌壁画上的胡床均不显轴的痕迹，绘制的仅是大概形状而已。需要说明的是，敦煌壁画中的胡床形式单一，数量也比较少，更少见有交椅的图像，仅仅在五代61窟西壁《五台山图》中，有一组送供天使的队列里一位仆役肩扛着交椅的图像，上画的是二出头搭脑（即椅子靠背上部的横梁）、屉面（椅子的坐面、椅盘，分软硬两种）是绳或藤编的软屉面的交椅（图40）。就交椅家具的源头而言，它仍然是来自西亚和古埃及等地。在古埃及年轻法老图坦卡蒙王陵中，曾出土过该法老使用过的软屉面"交椅"家具。就目前考古发现证明它的确属于最早的一款实物、实用家具，规格最高。但较之目前所见中国五代最早的"交椅"座具显得过于烦琐，制造工序繁难，故普及率低下，加之是皇室专用物品，外传的可能性低，因而在古希腊、西亚、中亚乃至南亚、东亚地区几乎不见这类烦琐的"交椅"家具，哪怕是图像踪影都未曾见到过。从图坦卡蒙陵墓中出土的这件豪华型"交椅"坐具，不难推测，这类"交椅"也应当是在第十八王朝之前就早已经出现了，否则如何有如此成熟的做工和技艺。中国从五代直到元明清时代，都流行较为简易的交椅，当然仅区别为直背和圈背形交椅，清代晚期也出现过特殊的直背"榆木双联交椅"，罕见古埃及的这类烦琐的工艺交椅。类似交椅的家具，在欧洲意大利文艺复兴时期有一种叫作"但丁椅"的家具，据说是伟大"诗人但丁喜欢使用的一种左右各四根'S'形弯腿的折椅"，与"但丁椅"相似后来也称作"萨伏那罗拉椅"的家具，是因为意大利天主教一位著名的僧侣名叫萨伏那罗拉（Girolam Savonarola，1452年—1498年），他非常喜欢使用这种两侧共有十余根细的"S"形腿折叠扶手椅，因此从而得名（图41）。这种腿可折叠的交椅实际上是将胡床的侧面当正面，再在两侧延伸出形成扶手、靠背，而这个靠背猜测是可以靠小机关打开从而就可折叠此家具，民

图41 萨伏那罗拉椅 文艺复兴时期

国初期还偶尔可见此家具。明晚期明式家具传入欧洲的西班牙，清初时期欧洲方见直靠背软扶手的交椅，之后也流行直靠背的交椅。这种交椅和椅子的榫卯结构，拼对搭接极为精巧，工艺讲究，细部处理也极其精致，充分体现了明代家具那种简约和优雅的魅力，人见人爱。南亚的印度目前也可见一种直靠背交椅，折叠时是在屉面后部有一小圆钮，掀起钮才可以前后折叠收纳。目前中国市面上也偶有所见印度的这类交椅。

宋代胡床与交椅称谓已经混淆，似可互用。敦煌石窟元代壁画不多，未见胡床、交椅图像。中原宋元、明清时期较多地出现胡床（交床、交椅）包括凳和桌等，说明自宋代，人们逐渐将席等矮座具废弃少用，普遍用高座具。明清时期的圈背交椅的后靠背也仿照当时的靠背椅子的做工，呈现符合人体脊背生理机能的如同"S"形自然曲线设计，极具科学性。高座具广泛地流行，使建筑物房屋明显地增高，也为明清高档豪华木家具的流行，开拓出摆放的空间，当然也与高档木料的输入和工匠的创造力有关。

瓜州县榆林窟和东千佛洞、敦煌县西千佛洞、肃北县五个庙等石窟壁画中则很少见有胡床和交椅家具的图像。

僧人喜好

敦煌壁画上的绳床

六

敦煌壁画中的绳床，首推西魏时期僧人坐禅的椅子图像，北周、隋唐、五代宋时的壁画中坐面（屉）带绷绳特点的绳床不多。

（一）绳床的历史

绳床是用麻、棕和藤绳等编织的软屉坐面，有靠背和扶手的椅子，它实际也是外来家具。佛教传入中国时，当时史料中尚未见有绳床的名称，魏晋南北朝时期翻译的佛经中"绳床"名称则很多。南北朝至唐宋时期人们已有将胡床和绳床相混淆的倾向。古文献并未记载绳床能折叠，但为何在唐宋时还出现称谓上的混乱呢？或许在于胡床和绳床坐面同时存在软屉这一共同点上，从而造成概念模糊。古埃及新帝国时代（公元前 1567—前 1085 年）墓室出土的"椅子实物"中就有一把面屉是由棕或藤、麻等物绷成的，这件家具是目前已知最早的绳床。这类高于我国床榻的高座具应是经过古埃及、古希腊辗转经中东、西亚、中亚、犍陀罗、南亚等地逐渐流向东方，进入当时的中国版图，再由秦汉时中国境内外的胡人缓慢传入黄河流域等地区，至明代由于文人们参与设计和制作椅子等家具，使中国家具出现崭新的面貌。

莫高窟西魏第 285 窟顶藻井北披壁画上僧人坐禅图最为典型，因为其坐面是网状形软屉的坐具，若真是绳床又和唐代的所谓"绳床禅"多少有了联系。坐绳床事实东晋时已存在，怀帝永嘉年间来中原的天竺人佛图澄，当石勒率兵占领襄国后，城内水源匮乏，佛图澄称可获水，做法时"坐绳床""咒愿数百言"，三日水出。绳床最早为僧人专用座具，许多高僧坐卧绳床上，甚至有睡卧其上达二十余年的。南北朝时期只是尚未明确在绳床上入定称为"绳床禅"罢了。西魏壁画上的坐绳床图像与当时僧人的习惯坐姿非常吻合。

（二）敦煌壁画上的绳床

莫高窟西魏第 285 窟北壁有大统四年和五年（538 年和 539 年）的题记，此窟顶藻井北披壁画中，有一禅僧坐在一具屉面很深，搭脑（椅子、衣架等位于家具最上部直的和弓形等的横梁）是二出头的扶手椅子，椅子坐面有格状网纹。这也是迄今为止已知中国最早的扶手椅形象，更是搭脑和扶手均为直形椅子的最早图像。近来有研究者将其断定为绳床，证据是"椅子的坐部作斜线网纹，显然是编织物的显示。"

图 42
第 285 窟　绳床上禅僧

从绳床特征即坐面为网状软屉来观察，第285窟的椅子应属绳床。根据学者们的系统分析，给我们这样一个概念，就是椅子坐面深而宽，屉面上有麻、棕和藤绳编织的椅子座具就是绳床。敦煌壁画中有准确绳床特征的，可能就数西魏第285窟这幅绳床图像（图42）。

敦煌北周、初唐、西夏似乎都不见有绳床特征的椅子，从晚唐张氏归义军到五代、宋曹氏归义军时期的壁画中，虽然有许多椅子图像，但少见有网状特征的椅子。虽然唐以后壁画上鲜见绳床，但屉面深而宽的椅子的确有。换言之，敦煌当地僧俗民众生活中应有绳床的存在。除第285窟的这幅屉面很深的绳床椅子图像外，在隋代第427窟中心柱北向面龛座沿《须达拏太子本生》壁画中，一戴帏帽僧人盘腿端坐在一把很特别的椅子上，二出头直形搭脑，右出头上挂一挎包，扶手弯曲，椅子扶手下部的前腿呈"蜀柱柱头"式，扶手与椅子的前腿（即下截）各为一根竖杆，顶端各有一莲花苞形状，四腿、四枨，下加四托泥，屉面较深，人头低于搭脑。从其坐姿推断，说它是绳床也不错，可惜坐面形状被人物遮挡无法辨识（图43）。

唐代民间、驿站和皇宫也有使用绳床家具的，僧人们使用绳床很平常，唐代名僧赵州和尚用绳床作比喻待客的著名问答："上等人来，

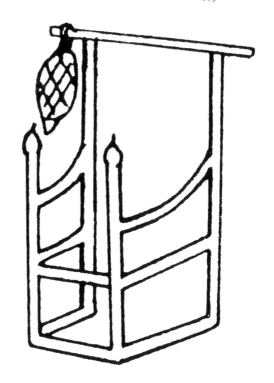

图 43 　学 Ｌｒ蔷
绳｀ ｜ 灘　｀ 骞 凵 佰梦

上绳床接；中等人来，下绳床接；下等人来，山门外接。"唐代诗歌中

但凡谈到"绳床"，多数与佛教和僧人有瓜葛。敦煌文献法藏 P.2613《唐

咸通十四年（873）正月四日沙州某寺交割常住物等点检历》寺院中确

有"木绳床子"，这也说明在唐代，绳床利用率最高的仍然是佛寺僧人。

唐代道士房中也摆绳床，唐宪宗元和时南岳道士田良逸等坐"绳床"。

道士用绳床亦可说明他们是模仿僧人的行为；二证明唐代的绳床使用

已普及到许多阶层。五代南唐楚州防御使张彦卿中兴元年（958 年）与后周作战，最后退至州廨，"矢刃皆尽，彦卿举绳床以斗而死"。此时，绳床的使用更加广泛，官衙中也用。

贵贱象征

敦煌壁画上椅子的变迁

七

敦煌壁画上的椅子图像最早属莫高窟西魏第 285 窟的绳床椅子和隋代第 427 窟"蜀柱柱头式"椅子图像。唐宋壁画中多数是二出头和四出头椅子，几乎都是僧人就座，而且横靠背板（条）多，竖的罕见。

（一）椅子的来源及其早期形式

椅子最早起源于西亚、爱琴海和古埃及地区。西亚曾出土公元前 7000 年黏土塑的《女神像》，一肥硕女神端坐于椅子形的宝座上，双手放在作为扶手的两只凶悍兽背上。希腊青铜时代早期文化基克拉泽斯文化遗址（约公元前 3500—前 1900 年）克罗斯岛出土的大理石雕刻著名的弹竖琴者像，演奏者即垂腿倚坐一把有靠背、四足呈"∞"形的椅子，可称世界上最早最标准的椅子图像（图 44）。著名的埃及第十八王朝图坦卡蒙王陵中，曾出土有"黄金宝座"实物椅子，由硬木制作并外包金箔，用宝石镶嵌作靠背装饰，四兽足，扶手由戴着王冠的双翼蛇装饰而成，上刻有王名，扶手前下方装饰有二金狮首，显示法老的威严。公元前 14 世纪巴比伦全盛时期一位国王雕像，坐兽足腿的靠背椅，足踩脚踏；西亚公元前 11 世纪左右（或前 8 世纪）真吉

尔里（今土耳其境内）出土的墓碑上，刻有叙利亚女王坐的一把椅子，
其形态与当今椅子家具无别。此后，古希腊及两河流域一带不断出现
有椅子图像。

　　印度阿玛拉欧阿提出土的 3 世纪"佛传图"石刻中，就有双人坐
的类似椅子的座具，弧形搭脑二出头，左右的屏板也出头，座下左右
足为六七层叠涩的形状。

　　依上述资料可知，椅子经过爱琴海、古埃及、中亚、西亚、南亚、

印度等地缓慢传入我国。西汉时期可能有椅子座具的传入，但被当时人们无意或有意将其做的低矮，以适应踞（跪）坐或盘腿坐。至北朝时人们对椅子不再陌生，椅子图像也在艺术作品中频繁出现。

（二）敦煌壁画上的椅子

1. "蜀柱柱头式"椅子

莫高窟初唐第334窟西壁龛内北侧《维摩诘经变》壁画中，佛弟子舍利弗趺坐一"蜀柱柱头式"框状形椅子里，靠背仅达肩头，四腿很矮（图45-1；45-2），和《东魏兴和四年（542年）的一通造像》中僧人的坐具几乎完全一致，它们应与古时的"框床"坐具有关联。第202窟南壁中唐画《弥勒经变》壁画中，一僧人趺坐四腿、无枨、二出头、扶手不出头即椅子扶手下部的前腿和扶手与椅子的前腿各为一根合一的竖杆，屉面宽而深的弓背形灯挂式空椅，类似"蜀柱柱头式"椅。该类型椅子不但在敦煌壁画上屈指可数，在中原地区的艺术品和出土文物中也少见（图46）。

图45-1 第334窟 靠拄座头式椅子 初唐

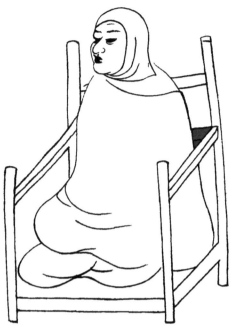

图45-2 杨森白描图

图46 第202窟 靠拄座头式椅子 中唐 杨森白描图

2. 二出头椅子

莫高窟初唐第372窟北壁《说法图》
壁画中的倚坐佛后有豪华靠背、左扶手
是一力士双手托火焰形宝珠、右扶手残
损，佛足踩脚踏，此宝座与印度阿旃陀
石窟壁画中的佛座相似（图47）。初
唐这些座具与其他艺术品图像相似的情
形，应以佛教的影响找其原因。这类二
出头椅子还有若干，多数无扶手，俗人
垂足倚坐，僧人则多跌坐。另外，中唐
第159窟南壁《弥勒经变》中有二幅
椅子是搭脑二出头，扶手不出头，扶手
下部各一横枨，但椅子二前腿（上截）
则是向上竖出头的。二僧人均盘坐椅子
上，椅子下方分别有二男信徒和二女信
徒跪坐听其讲解。莫高窟元代喇嘛塔出
土的西夏文版刻上图下文的图解本《观

图47 第372窟 二出头椅子 初唐 杨森白描图

图 48 | 敦煌《观音经》普萨宽架妙版塔北上
无或冻变 椅子白描图

音经》中，有一人着俗人装，倚坐二出头、无扶手的椅上，这是不多
见的俗人坐椅子的图像（图48）。

3. 四出头椅子

敦煌四出头椅子多见于唐宋时期的经变画中，同样也多是僧人使
用。莫高窟中唐第186窟顶藻井东披《弥勒经变》"拆幢"画面的上部，
一穿袈裟的僧人盘坐在褐色的四出头椅上，屉面较深，似铺有红黄色
彩的坐垫，椅子四足底加托泥，正面一人半跪双手持华丽的伞盖似做

图49　第9窟　四出头椅子　晚唐

祈请状。第 202 窟南壁中唐画《弥勒经变》上的二幅二僧人盘坐的四出头灯挂椅，椅子的二前腿向上出头超过左右的扶手高度，无枨；晚唐第 9 窟北壁《维摩诘经变》"舍利弗宴坐"画面中，舍利弗跌坐一屈面较浅的四出头灯挂褐色椅上修禅，椅腿下部有四根土红色枨，居士与其对话（图 49）；晚唐第 138 窟南壁《楞伽经变》下部壁画中，一

图 50　第 138 窟　四出头椅子　晚唐

僧人坐一屉面较深的四出头椅子（图50）；晚唐第196窟西壁《劳度叉斗圣变》"外道皈依"中，二位僧人各倚坐四出头椅上，每把椅子的四面都在很低的部位加装一根单枨。在每把椅子四出头交接的结合部位，很明显的出现四块接近梯形的绿色块状物，有家具专家认为，它应该是铜金属附件，目的是用以加固结合部。这里之所以认定它是铜金属，因为该经变中僧人敲击钟架上的铜钟，木架上凡是交接结合部位的梯形块状物、铜钟、悬挂铜钟的钮皆为绿色，铜若生锈就是绿色状，但晚唐第9窟、五代第146窟同名经变中的钟架的结合部位，包括钟和钟的悬钮均不见绿色块状物，而榆林窟五代第16窟东壁同名经变中钟和钟的悬钮均为绿色，钟架的结合部位却无绿色；晚唐第9窟北壁《维摩诘经变》"维摩诘与富楼那"对话情节中，富楼那盘坐四出头、四单枨椅的四个接头处则有梯形绿色块，还有第340窟甬道顶晚唐画《佛教史迹画》，昙延法师的四出头空座椅的四个接头处仍有梯形绿色块。至晚唐我国木家具的卯榫结构的运用可能在先，金属箍、包角的运用或在后。金属箍、包角、角叶等在明清家具的运用很常见；第45窟甬道盝形顶五代画《佛教史迹画》中，有一屉面很深的四出头、四枨空椅（图51）；五代第98窟甬道顶《佛教史迹画》，画有一屉面较深的四

图51　第45窟四出头椅子　五代　杨森临摹

图52　第98窟　四出头椅子　五代

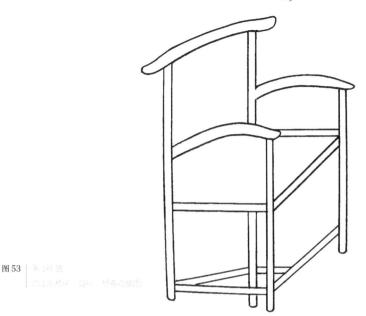

图53

出头空椅（图52）；五代第146窟甬道顶《佛教史迹画》左下角中，画
有一屉面较宽的四出头空椅（图53）。五代第61窟西壁《五台山图》
"大清凉寺"中，一穿袈裟的僧人倚坐在四出头灯挂椅子上，左手扬起，
对一位双手合十站立的和尚说话。五代时期僧人双足触地倚坐椅子的
情形逐渐增加。炳灵寺石窟第3窟正壁明代《说法图》上，一僧人双
足踩脚踏倚坐四出头椅，足底却加有托泥。

　　敦煌五代壁画四足上细下粗的椅子多见，与德裔美国学者艾克

图 54

1944 年在北平出版的《中国花梨家具图考》中列举的五代木椅子多相吻合，如弓背形搭脑、二出头上翘等，只是敦煌壁画中的四出头椅，还从未见靠背为棕、藤、麻绳等网纹图像。即使在五代，俗人也还有盘腿跌坐椅子的习惯，这或许是受佛教徒坐姿的影响。长而深屉面的椅子后世仍不鲜见，如宁夏贺兰山拜寺口双塔出土西夏文物中，有一把实物椅子，椅子的屉面为木质硬屉十分深，似一箱子，扶手为屏板形，极适合坐禅入定或睡卧，腿足不很高，当是禅椅，至明代仍然有此类僧人用的禅椅流行，此类深而宽的禅椅在日本的寺院中也曾流行过。

4. 圈背椅

圈背椅，最明显的特征是圈背连着扶手，从高到低一顺而下，坐靠时可使人的臂膀都倚在圈形的扶手上，感到十分舒适。在莫高窟元代第 95 窟南壁西侧《长眉罗汉》中，罗汉双手持树根杖，垂足倚坐一把四足、扶手二出头，屉面可能是硬屉，其左右宽、前后窄，涂石绿色，搭脑低矮与左右扶手平齐的竹椅。在敦煌壁画中，该竹椅可称得上是名副其实的圈椅，只不过是方圈而已（图 54）。藏台北故宫博物院元代绢画《听琴图》上也有两把方形圈背椅子；明清时代方形圈背椅更

加流行。敦煌唐、五代壁画中的椅子很多，但不见如周文矩《宫中图》
中那种靠背上单独安有弓形搭脑、四足云头纹的圈椅。

并腿就坐

凳子的诸多类型

八

敦煌壁画中最早出现凳子图像是在北魏的因缘故事画中，唐宋时凳子的图像多集中在《弥勒经变》中，还有《观音经变普门品》《瑞像图》《药师经变》《地藏与十王厅》《维摩诘经变》《梵网经变》《劳度叉斗圣变》《观无量寿经变》等壁画上。凳子的基本造型和高度与现代一致，但敦煌北魏时的凳子却没有枨。唐宋壁画中的凳子，多数与榻相似，呈条状，有的带枨，即使有方形的也显得很宽大，又与案相似。传入华夏的凳子，在被接纳后，很可能融合了榻的特性和功能，故有时榻和凳外观相互混淆。

（一）方凳

古代亚述（公元前 2400 年左右）一位建筑家的石刻坐像，其座具是四兽足的方凳。著名的埃及第十八王朝法老图坦卡蒙的墓室内，法老的床下，放有四腿凳实物，坐面似是软屉，四面各有两个三角形同时支撑上部的坐面。前引古埃及新王国时代的"动物戏画"（公元前1100 年左右）中，有一头狮子坐在四腿单枨兽足的方凳上与对面坐"胡床"的山羊对弈古埃及棋。古希腊约公元前 480 年的一陶杯上，画有

图 55 第257窟
南壁 北魏

　　两幅四足凳。古代非洲和欧洲以及西亚的凳子图像，与现代凳子无大的差别，但是否这些凳子图像和在我国所见凳子家具有联系，或者说受其影响，由于历史发展进程的复杂性，一时无法说清，但间接的影响理应存在。

　　四腿凳图像在我国西汉时就已出现。云南晋宁石寨山出土的贮贝器盖上，一奴隶主脚悬空倚坐在四腿短条凳上，监督女奴理线、织布。敦煌壁画中最早的凳子，见于北魏第 257 窟的南壁《沙弥守戒自杀缘》

故事画中。画中乞食比丘收小沙弥为徒，小沙弥正在接受剃度，乞食比丘正是坐在一张上粗下细的四腿方凳上（图55）。初唐第329窟北壁《弥勒经变》"剃度图"中，一位欲出家的长者坦然就坐于四腿方凳上，后立二侍女，法师持刀为其剃发；盛唐第23窟顶藻井西披《弥勒经变》女"剃度图"中，一妇人也坐四腿方凳上接受剃度，身后有一群待剃度的侍女。

图56 第146窟 五代 五代

佛教中药师佛是东方琉璃世界的主宰，供养药师佛的一种方式是燃灯，据说可以借此延年益寿。莫高窟五代第 146 窟北壁《药师经变》壁画中，一人脚踩方形四腿凳，正为灯树斟油，这正是信奉药师佛并燃灯延寿的一个情节（图 56）。这里方凳边框也画有大边和抹头，视其为矮桌也未尝不可。

　　凳子自北朝传入伊始，就从原有的方形和长方形向圆形和其他形状发展，中国人所用的桌案类家具方桌、条形桌等或许是受外来凳子的影响而演化成今天的模样。当然，夏商周及先秦时代的俎、禁等也对后来的桌、案等家具产生过影响。敦煌的方凳家具自然也是这一家具历史发展中的一个小小环节，但造型也是最为简单的一类，不如中原地区外表华丽，做工精细。

（二）长凳

　　敦煌壁画中的长凳从数量上看，多于方凳，样式也比方凳多。瓜州县榆林窟中唐（盛唐）第 25 窟北壁《弥勒经变》中，两位刚刚被剃发的女沙弥各坐一条四短腿、白色坐面上有褐色大边和抹头的长条凳

图 57

上，用一只手抚摸才剃光的脑袋，似乎有悔意或说不明的情愫；中唐第 360 窟东壁《维摩诘经变》"露天酒肆"中，一长条桌案前后各坐一排头戴幞头的酒客，前排的四人坐在厚实四腿长条宽凳，前后二长柣、左右二短柣，四楞形柣几乎成为四足底的托泥，离地面极近；中唐第 474 窟西壁龛内北壁屏风画《弥勒经变》宴饮图中，宾客四男五女中间临时配置一具长帷幕食案，他们分别坐一条前后均为一长柣、左右均为一短柣的长凳，高度约一坐客的小腿高，每人面前各摆放一双筷子和一把勺子及大盘和小盘碟（图 57）。长条凳通常配备食案、长桌。

图 58　第9窟　莲花足长条凳　晚唐

晚唐第9窟南壁《劳度叉斗圣变》"乞僧助战"中，四僧人分别倚坐两张高级长条凳，装饰华丽，四足均为覆莲瓣形，凳面装饰许多团花，此类长凳家具史上鲜见（图58）。晚唐第12窟东壁门北《维摩诘经变》"酒肆"，表现维摩居士出入酒肆教化众人的宴饮图中，在一幢顶为三角形、外褐色内淡蓝色帷帐中，一具帷幕案两旁各有一条四足长矮凳，四足的尺寸接近画面人物的一只手掌高，一条凳上盘坐四人，一条凳上盘坐三人，居士持麈尾在耐心规劝饮酒者。该窟南壁《弥勒经变》男"剃度图"中，刚剃度完毕穿着袈裟的四沙弥，并排倚坐在红色四矮腿，边框的大边和抹头均为蓝色，面心为白色的长条凳上，反映出当时木

图59　第454窟　长条凳　宋

匠制作的家具还是比较精细的。五代第 146 窟东壁《维摩诘经变》"宅子酒肆"中，一装饰壸门、足底加托泥的长榻式桌案前有一具四腿矮宽条凳，上面倚坐四人；同期第 108 窟东壁《维摩诘经变》"宅子酒肆"中，一装饰壸门、足底加托泥的长榻式桌案前有一张四腿、左右各一短枨的矮宽条凳，上面也倚坐四人，居士在宅中劝谏酒客；五代第 100 窟南壁《弥勒经变》女"剃度图"中，刚刚剃度完洗过头穿着袈裟的三女沙弥，并排倚坐在红褐色四矮腿、左右侧各一单枨、面心为淡绿色的长条凳上。莫高窟宋第 454 窟西壁《劳度叉斗圣变》"圣僧助战"的僧人，共坐一条二短枨的长条凳（图59）。

敦煌壁画中的长凳多出现在寺院、民间日常生活的画面中，即主要集中在人多的公共场所，如酒肆中、在寺院举行剃度的过程中等。这为我们了解当时僧俗生活家具的配置和使用状况，提供了形象的资料。陕西长安县南里王村唐墓中的壁画《宴饮图》中，长方形食案与后、左、右三边的长条凳同长同高，连厚度也相同，凳子的宽度有食案的二分之一，每条长凳各坐三人，盘腿坐姿共有四人；三人一腿盘，一人腿下垂，还有一人似箕踞坐。有人在侃侃而谈，有人在饮酒，有人在倾听，左右两侧各有一站立端盘的侍者。盘腿坐在长凳上，也是当时的传统习惯坐姿。食案上放满食器，杯、盘、箸等，箸的横放形式与莫高窟中唐第 474 窟长食案上放置的箸、勺完全相同。敦煌与中原地区的长凳外观相同，理应区别不大。

（三）圆凳

敦煌壁画中的圆形凳，数量并不多。莫高窟第 126 窟南壁《观无量寿经变》下部第三幅五代屏风画中，绘有一具六壶门圆形坐凳（墩）（图 60）。莫高窟藏经洞（第 17 窟）出土文献英藏 S.6983 号《观音经一卷》

图60 第 126 窟   五代   坐墩（线描）   图61 敦煌文献大英图书馆藏 S.6983 号《观音经一卷》线描   五代

上图下文册页装佛经文书，时代约为敦煌曹氏归义军时期（约 904 年至 1035 年），二人对坐于圆形带壶门装饰、底足加圈式托泥的榻式桌案两边，使人惊奇的是所坐圆凳与圆案形状完全相同，两件家具的高度也几乎相等。案上放置二茶盏、一执壶，左边一人喝了毒茶水或毒酒，因常念观音号或观音经，故将毒液吐出，从而得救。这种圆形带壶门的榻式坐凳在敦煌壁画中的确少见（图61）。第 395 窟北壁五代画《观音经变普门品》中，也画有圆面兽足矮凳（图62）。圆凳多出现在民间日常生活的画面中，严肃的宗教场面中鲜见。

图 62　第 395 窟　圆凳形　五代　杨森白描图

（四）高凳

隋开皇十一年（591年）《孔钺造老子像》，老子着道冠道袍，长髯，右手执麈尾，左手依三足凭几，坐于四足方座上，此当属于凳子（或榻）。莫高窟盛唐第 148 窟南壁龛上《弥勒经变》"收获"场面，一人站立在三高腿方面凳上，双手持簸箕扬谷物（图 63）；中唐 159 窟南壁《弥勒经变》"一种七收"的劳动场面中，一人站立在三弯曲高腿圆凳上扬场；中唐第 186 窟顶藻井北披《弥勒经变》"一种七收"的画面中，一人站立在四高腿圆面高凳上扬场，高度等同劳作的人身高；晚唐第 156 窟顶藻井西披《弥勒经变》中，一人站立在三高腿的圆面凳上扬场；五代第 146 窟甬道南坡壁画中，一人站在一左右各一单枨的高方面凳上伸手向佛；南壁《弥勒经变》，一人站立在三高腿方面凳上双手持

簸箕扬谷物。此数幅《弥勒经变》中的凳高度与站立者身高几乎等高，

看上去站在上面使人担心不太安稳。莫高窟五代第61窟南壁《弥勒经变》

"一种七收"中，一妇人站在一具四腿四方敦实的高凳上，端簸箕扬

场，而这件高凳看上去人站上面较为安全。它们均为农活中的辅助用

具。宋庄绰撰《鸡肋篇》"各地岁时习俗"条载：宋成都戏剧节看"杂

图63　第148窟　盛九蚕　榜题

戏"，官府设看棚，在棚外配有"高橙"。但此凳不坐人，而是供人站立其上用以观杂戏的。可见，凳子在实际的使用上，用途是多样化的，并无严格的规定，虽是坐具，也可做它用。

（五）矮凳

敦煌壁画也有矮凳图像，譬如莫高窟盛唐第33窟南壁《弥勒经变》男"剃度图"中，持刀法师站在一张矮四腿小凳上，为一坐圆墩出家男子剃头；盛唐445窟北壁《弥勒经变》女"剃度图"，一法师站一张四腿矮凳上为女子剃发，并且边框居然还画有大边和抹头。说明该矮凳，并非俗物而是精心制作的小家具；莫高窟晚唐85甬道顶北坡《瑞像图》，一人站在一具四腿矮凳上。从一些矮凳使用状况看，大多不是坐具。矮凳还可做它用，譬如盛唐第172窟南壁《观无量寿经变》乐队中，一坐部伎的羯鼓就放在一张四腿矮凳上（图64）；中唐第154窟北壁《报恩经变》乐队，一坐部伎的羯鼓同样是放在四腿矮凳上；晚唐第85窟北壁《思益梵天请问经变》乐队中，一坐部伎的羯鼓也是放在四腿矮凳上，它们均是作为乐队鼓架使用。

图 64 ｜第172窟
战鼓｜盛唐

（六）高座

高座，在佛经中出现的频率最多，大多是有道行的高僧才有资格
就座。北周武帝灭佛前夕的建德二年（573 年），他召集群臣及沙门、
道士等，自己堂而皇之地坐在高座上主持辩论会，论三教先后，结果
以儒为先、道教次之、佛教为后，北周灭佛运动就此开始。敦煌壁画
中的高僧坐的高座实际大多数是高榻而已，因为高座均带有壶门和托
泥。从初唐到宋代的壁画都有这类高座。"虽战国时已有高坐者，然
尚未为普通之俗。唐、宋以来，始有绳床、椅子、杌子、墩子诸物，

是亦俗尚之大异于古者也。"敦煌壁画中的高座通常是指带壸门的榻增加高度，大多数则是僧人和维摩诘居士独自就坐，加装立柱撑起的华盖和三面围折扇屏风就形成如同东晋顾恺之画《女史箴图》上，顶部有盖、周围有围屏、带壸门装饰和托泥的床帐（斗帐），即似明清卧室专门配置的全木制作的"架子床"；另外就是四腿增高的椅式高座，也同样是僧人专用，但少见；偶尔也有佛菩萨天王等神祇坐上下有多层叠涩（上部由宽向窄收缩数层、下部由窄向宽放大数层）、中间束腰部位画或塑装饰壸门的宝座，被称为"须弥座"，以充当高座。

1. 维摩诘居士坐的榻式高座

莫高窟初唐贞观十六年（642年）开凿的第220窟东壁《维摩诘经变》，突出表现的是"文殊师利问疾品"，维摩居士身披鹤氅、头束纶巾，目光犀利，须髯奋张，咄咄逼人的气势跃然纸上。右手持麈尾、左手臂搭在一件三兽足凭几上，双足右斜侧坐在四面均装饰二壸门、足底加托泥的榻式高座上，与对面的文殊菩萨辩论。其顶部由四个角的细杆立柱（柱上有白色圆箍与高座固定）支撑头顶上的盝顶形华盖，边缘有流苏垂幔。居士背后立折扇屏风约六扇，内侧装饰长方形彩色条块，外侧装饰竖排的圆圈对鸟纹，座前置放一灰色栅（梳背）足加托泥的供几，几上供一盏莲花、二假山盆景。高座左下侧站立各国王子等听众。敦煌唐五代宋时期的《维摩诘经变》图像，居士一侧的所有物件的配置基本相同。初唐第334窟西壁龛内北侧《维摩诘经变》，居士右手臂搭在右膝上，左手持麈尾搭在一件黄色三兽足凭几上，双足左斜箕踞坐四面均装饰二壶门、足底加托泥的榻式座上，背后立四扇、左右各一扇的折扇屏风，其外侧绿色、内侧有繁复花纹，高座的四角有极细的立柱（仅见一根），柱底有长方形小柱础，华盖边缘有垂幔。正前方配置翘首栅足底加托泥的土黄色供几，几面绘木纹，上放置一长柄香炉和一净瓶。该榻式座的高度仅有居士头部的尺寸，可能画工是局限于佛龛内的狭窄空间而将高座画的低矮了，以适应画面整体布局。从图像比例尺寸上看它不应属于高座，但从佛教仪轨上它仍然属于高座。初唐第335窟北壁《维摩诘经变》，居士右手持麈尾、左手臂搭在一件三兽足凭几上，双足右斜侧坐四面均装饰一壶门、足底加托泥的榻式高座上，背后立三扇、左侧一扇、右侧二扇的折扇屏风，四角细立柱撑起华盖，边缘有垂幔。正前方配置翘首栅足底加托泥的灰褐色供几，上放置一香炉（或莲花）、二供器。盛唐第103窟东壁

图65 第103窟
盛唐

门南《维摩诘经变》，墨线描的维摩居士形态最为写神，他那慷慨激

昂的雄辩之势几乎破壁而出。居士右手持麈尾、左手臂搭在左膝盖，

腹部紧靠一件三兽足凭几，典型的箕踞坐姿坐于四面均装饰一壶门、

足底加托泥的榻式褐色高座上，边框装饰有花纹的大边和抹头。背后

立四扇、左右各一扇折扇屏风，内侧写满草书，外侧装饰花纹，四角

细立柱撑起华盖，边缘有垂幔，四角的立柱底有圆形柱础（仅见一处）。

高座正前方配置翘首、几面为四块条板上绘木纹，灰黑色栅足底加托

图66 第159窟
维摩诘 中唐

泥的一张供几，上放置一豪华香炉（图65）。中唐第159窟东壁门南
《维摩诘经变》中居士左手持麈尾凭依绿色三如意形足凭几，坐四面
各装饰二壸门、足底加托泥的褐红色高座上，上有红色华盖，四角有
细立柱（柱上有褐红色圆箍与高座固定），身背后立三扇、左侧一扇、
右侧二扇的折扇屏风，正前方配褐色帷幕形供案，案边框大边和抹头
为绿色，案心为白色，上放置一香炉、二供器。居士与同样就坐四面
各装饰二壸门宝座莲花上的文殊菩萨对坐论道，居士左下方听法众人

中有当时头戴朝霞冠的吐蕃赞普（图66），这是中唐《维摩诘经变》壁画中，带红褐色冠吐蕃首领的标配，晚唐的同一经变中也偶尔可见吐蕃赞普的身影。在该经变中的"菩萨行品"中的"掌擎大众"，还有配置相同的一幅缩小的居士、文殊辩论的画面。晚唐第85窟东壁北侧《维摩诘经变》，居士同样是右手扶三足凭几，左手持麈尾盘坐在这样的每面都装饰三壶门、底足加托泥的高座上，所不同是这具高座似乎均是由灰白色螺钿材料在褐色木料上装饰而成的，横的图案和竖的图案如同变形的鱼形（菱形）显得更加醒目；五代第98窟东壁北侧《维摩诘经变》，居士坐高座的配置与上述唐代的壁画相同，该方高座每面均装饰二壶门、足底加托泥，宽大的榻式高座的木结构全部画有木纹。居士右臂搭在三兽足凭几、手持麈尾，顶部由四个角的细杆立柱（和唐代壁画上的相同，柱上有褐色圆箍与高座固定，柱底有圆柱础）支撑头顶上的盝顶形华盖，边缘有垂幔。居士背后立有约六扇折扇屏风，内侧装饰大团花、花卉，外侧装饰竖排的圆圈对鸟纹，座前放一绿色栅足加托泥的供几，供几的面和托泥也都画有木纹，上供莲花、假山盆景、香炉。高座右侧站立各国王子等听众。居士高座画木纹的不多。同期第61窟东壁门北《维摩诘经变》，维摩居士的全套配置大同小异，

其榻式高座不同的是顶盖无四角的立柱，再就是居士所坐高座据壁画
所描绘的状况看，木料表面的装饰除过足底的褐红色托泥，多是仿照
螺钿或金银平脱漆器装饰，大体上是灰白色的菱形、三角形等几何纹
布满高座，居士的高座如此装饰也不多见（图67），与前引晚唐第85
窟的居士高座近似。

图67 第61窟 维摩 五代

敦煌唐五代宋壁画，通常《维摩诘经变》多是绘在洞窟的东壁，
初唐第 68 窟、第 341 窟、第 342 窟均在西壁龛内南北壁；初唐第 203
窟绘在西壁龛外南北侧；初唐第 242 窟、中唐第 240 窟绘在西壁龛内
南壁；初唐第 334 窟绘在西壁龛内；初唐第 332 窟、初唐第 335 窟、
晚唐第 9 窟（维摩居士所穿鹤氅最为华贵）、五代第 53 窟、五代第
342 窟、宋第 25 窟均绘在北壁；盛唐第 194 窟《维摩诘经变》（高座
内侧画有木纹理）、中唐第 186 窟、晚唐第 150 窟均绘在南壁；盛唐
第 44 窟绘在前室南壁；榆林西夏第 3 窟绘西壁门上；肃北五个庙西夏
第 3 窟绘东壁。五代宋部分洞窟的前室西壁门南北侧也绘《维摩诘经变》，
可惜大部分该经变由于风沙等因素的破坏，多数模糊不清。

2. 维摩诘坐帷幕式高座

五代第 61 窟东壁《维摩诘经变》，维摩居士手持麈尾讲经，居士
坐四方形四面围黑灰色帷幕高座，座的边框有淡褐色大边和抹头，面
心为绿色，高座下边跪坐一女子。此座在敦煌壁画中极为罕见。

3. 维摩诘坐四方体高座

甘肃肃北县五个庙石窟西夏第 3 窟东壁《维摩诘经变》，头戴白纶巾、留有长须髯的居士盘腿坐于一装饰花纹很华丽的四方形高座上，目光犀利逼人。通常维摩诘即"金粟如来"，是不坐此种佛菩萨等专用宝座。他左手持饰有日月纹样的长柄羽扇，右手在做着手势与文殊菩萨辩论。座的四角也有四根立柱支撑顶部华盖，背后有圆头光和背光，面前放一帷幕几案，上供一盆莲花、一香炉等供器。该窟壁画的高座图与以往有所不同，居士身后也未配备折扇屏风、未扶三足凭几，而是装饰豪华的方墩高座。该经变是西夏时期的新模式。

4. 僧人就坐的高座——榻式高座

武则天时曾敕两京及诸州各设一大云寺，藏《大云经》，使僧升"高座讲解"；唐肃宗时诏唐兴寺设"高座讲论二教"；唐代宗时"在京城资圣寺、西明寺，置百尺高座讲《仁王经》"；唐懿宗时曾赐沉檀骨金银平脱漆器高二丈的二高座给安国寺。莫高窟初唐第321窟南壁《十轮（宝雨）经变》中，一僧人盘腿就坐四面各装饰二壸门、足底加托泥（色已脱落）的榻式高座，四角立柱不显也无屏风，盝顶华盖下沿垂幔形

成斗帐，座下有八位弟子居士诸听众，座前一袒臂沙门挥手与僧人辩论（图68）。初唐323窟南壁《佛教史迹画·隋文帝迎昙延法师》，帷幕撑起的大厅中昙法师盘坐的坐具，是四面均装饰一壶门的高榻式四方高座，比起文帝坐的低矮的装饰三壶门、矮足底所加托泥已脱落的榻高很多；昙延法师在一所房中独坐给台阶下听讲的讲说时所盘坐的高座与前面的完全相同。盛唐第171窟北壁《观无量寿经变》东侧"未

生怨"中，也有二僧人就坐与第 323 窟相同的四方高座，每面各装饰二壶门，下方各有一信徒双手合十听讲。盛唐第 217 窟北壁《观无量寿经变》"未生怨"中，佛弟子大目犍连和富楼那二高僧共坐一褐红色高座，四面均装饰二壶门、足底加托泥，为国王说法，座下跪二人。二僧人共坐高座，敦煌壁画中少见。中唐第 112 窟南壁《金刚经变》左上角，一位僧人手持麈尾就坐于四面各装饰二壶门、足底加托泥的褐色高座上，坐面铺有僧人专门用的四方形四个角各一方块的织物缝制的坐具，多数僧人坐高座的坐面是铺有这类坐垫的。高座下方四位头戴幞头的俗人一人跪、三人盘坐，听僧人讲经。高座的高低几乎达到座下方盘坐的俗人高度；中唐第 159 窟南壁《法华经变》上，两位高僧各就坐一张四面各装饰二壶门、足底加托泥的高座，给弟子和信众宣讲佛经，若按人体比例计算，这二高座的高度远远高于下方盘腿坐着的人身高。晚唐第 85 窟顶藻井南披《法华经变》，一僧人右手持长柄如意盘坐在一具四面均装饰淡红色二壶门、足底加褐红色托泥的高座上，坐面铺有方布垫坐具，给弟子们讲经说法，高座下盘坐二听众。五代第 61 窟南壁《法华经变》上，同样是二位高僧各就坐一张四面均装饰一壶门、足底加托泥的高座，给弟子和信众宣讲佛经，高座高度

图69　酒泉文殊山万佛洞　窟壁　西夏（元？）

仍然比在地上盘腿就坐听讲经的弟子高。

　　日本在8世纪初重建的奈良法隆寺遗留下的草图上画有西室讲堂设置有"高座"，它是在一张矮长榻上配置的每面装饰一壶门、底足加托泥的高座，顶有立柱撑起的华盖，右侧有放经书的高足几、左侧有登高座用的阶梯。山西高平县北宋开化寺大雄宝殿西壁中部《说法图》

右上侧，一僧人盘坐在四面各装饰双排四壸门、足底加托泥的高座上，座前置一香几，背后立一座屏，周围有国王及众弟子听讲。与宋代一些佛经版画上的带高架梯子的超高"高座"相似，也与敦煌壁画上的高座大体相同，只是都无梯子。甘肃酒泉文殊山西夏万佛洞《贤愚经变》中，在每面装饰一壸门、足底加托泥的"高座"上又摆一把四腿、左右各二枨、前后各一枨、搭脑两头为如意形的椅子，上盘坐一僧人，面前又放一张帷幕书案，背后立三折扇的大红围屏，这是榻椅搭配的高座形式，较为独特（图69）。据敦煌文献英藏 S.1776《后周显德五年（958 年）某寺法律尼戒性等交割常住什物点检历状》，知五代敦煌人上床有"床梯"，那么僧人上"高座"或许也得借助梯子或凳子。

5. 僧人就坐的高座——椅式高座

中唐第 186 窟顶藻井东披《弥勒经变》"拆幢"中，大幢后上部，一穿袈裟的僧人盘坐在四出头、屉面宽大而高、足加托泥的椅子上，因为前方一盘坐着双手持华丽伞盖并在其边沿垂有飘舞的彩幡的红衣人高度，略微超过椅子屉面的高度，所以这也应属于僧人的椅子高座。五代第 61 窟东壁《维摩诘经变》中，一位僧人就坐于高长腿的二出头和前腿向上出头超过二扶手的椅子上。这类僧人专用的高座椅子在日本明治或大正时代寺院中及菱田春草绘《贤首菩萨》中，也偶有出现，中国国内则罕见高座椅踪迹。

可摆可倚

『几案』家具的演化

九

敦煌壁画中"几""案"图像，始见于隋代洞窟。"几"图像主要集中在《维摩诘经变》《报恩经变》《观无量寿经变》中。隋代"几"以具有带壶门榻式的占多数，唐宋翘首高"几"《维摩诘经变》中占多数。条状的"几"，在五代、宋家庭家具的配置中明显减少，桌案类家具开始占有优势。但在敦煌壁画中，却仍然延续唐代的旧式。条状的"几"，隋唐至宋西夏壁画中很常见。隋代和西夏壁画中的"几"很矮，保持汉魏风格，而唐宋时壁画中的"几"通常较高。敦煌壁画中的"凭几"图像数量不多，多在《维摩诘经变》中出现。"几案"的图像在唐宋时的经变画中出现最多。

（一）"几案"家具的发展

"几"与"俎"有联系。"俎"为殷商时的礼器，祭祀时置牲于俎上，有几、案、桌等家具基本功用，无疑它是几、案、桌等家具的雏形。周天子宫中有专门掌管"司几筵"的官员，对于周天子的活动"大朝觐大飨射、凡封国、命诸侯"，都要按照严格的规定给臣子设置坐席和几，封国、命诸侯、王位设"玉几"，诸侯祭祀设"雕几"，筵国宾设"彤几"，甸役设"漆几"，丧事设"素几"。根据地位和身份的不同设置几的方位、左右位置也有非常明确的规定。后代将"几"与"案"并称，不分彼此。"几"长宽比例比"案"要大，"几"面窄而修长。汉代"几"是供坐席的倚靠之物，且种类增加，有直凭几、陶曲凭几、陶几等。汉天子上车用的重几，还分大小，作用类似梯子。莫高窟隋代第 427 窟中心柱南向面的座沿壁画《须达拏太子本生》中，一具四方榻前放一件金色的曲足翘首几，其曲足分别由三根竖木条底下加横木足（托泥）构成。这是敦煌壁画中较早的"几"图像。唐宋时期敦煌民间也与内地一样使用"几案"类家具，婚礼上新娘跪拜坐于"几"后的公婆。宋代文人读书时常用家具为"书几"，西夏、元代有高几等存在。

（二）敦煌壁画中的"几案"

　　敦煌石窟中的"几"家具图像，分矮几与高几。敦煌壁画中，矮几在隋代即已出现。莫高窟初唐第 203 窟西壁龛外北侧《维摩诘经变》文殊菩萨坐榻前放置一具长方形每面装饰一壶门、底足加托泥（前侧部分颜色脱落，左侧和后部托泥颜色完全脱落呈白色）的小矮供几，上面放一长柄香炉和一小净瓶；初唐第 322 窟西壁龛外南北侧《维摩诘经变》，居士和文殊菩萨帷帐正前方分别放置一长方形、底为托泥的小供几和一长方形前后各装饰二壶门、左右各装饰一壶门、足底加托泥的小供几，上都放一长柄香炉和一只盏。榆林窟中唐第 25 窟北壁《弥勒经变》中，二男子向盘坐着的僧人跪拜，僧人的坐具前面放一长方形四矮腿的供几，上放水瓶和筐箩。前引莫高窟隋代第 427 窟中心柱南向面的座沿上画《须达拏太子本生》的床榻上，放有一张几面全涂金色的两头翘首几案，左右腿是四梳背足，足底加横木托泥；在南向面的龛沿上画的另一房间内，一人盘腿坐于足底加托泥的四方榻上，双手扶在长条形小几上，似乎是作依凭的曲足几；盛唐第 217 窟南壁《法华经变》画面中，一房屋前有一张每面装饰二壶门的大方榻上放一张两头翘首的梳背足条几，上放书册，几两端梳背式足底各加装一根托泥，僧人盘坐几后的榻上，榻下方二僧人共坐四腿长凳，一人双手捧写卷观看、一人听僧人讲解。它们与榆林窟西夏 3 窟西壁门南下方僧人面前的书几或小书案相同，这类"几"形式延续时间很长（图 70）；榆林窟西夏第 29 窟南壁西侧女供养人供养的僧人正前方，也放

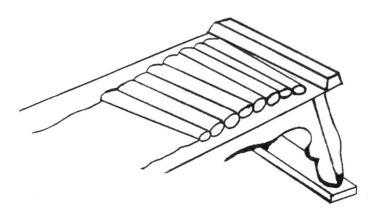

图70　榆林窟第3窟　床几　西夏　杨森临摹

图71　榆林窟第4窟　曲足供花几　元代

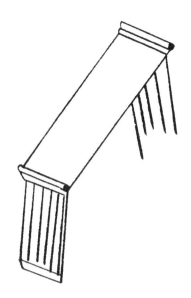

图72 第9窟
第九窟 天几 物象的绘画

置一具四矮足长方形供几，上放金刚杵、法铃、熏炉。敦煌壁画上的
高几，最早出现在初唐壁画《维摩诘经变》中。《维摩诘经》从三国
至后来的译本中，只说到"床"，却只字未提维摩诘室中的家具有几、
案。以莫高窟初唐第 220 窟东壁门南侧《维摩诘经变》为代表，其壁
画中的梳背足形条几，放在居士所坐高座前面，上面供放有香炉、供器，
但对面的文殊座前则未置几。初唐第 335 窟北壁《维摩诘经变》中，
居士床前的高几，足是直的梳背形，几上放的物品与第 220 窟和盛唐
第 194 窟南壁的供器相似，与日本正仓院中仓所藏"廿八足几"也相同。
榆林窟元代第 4 窟东壁南侧《经变》壁画，佛座前有曲足高供花几或香几（图 71）。莫高窟元代第 95 窟西壁中，一罗汉依三足凭几坐在长方形四足（仅见二足）三弯腿榻上，面前放一梳背（或栅栏）足两头翘首的高几，上面置五件供宝（图 72）。该几与唐宋壁画《维摩诘经变》中的高几图像相同，使用的范围扩大至罗汉，而不仅是维摩居士和佛、菩萨等。通常敦煌壁画上的几，足下多加托泥，这与中原的情形一致。莫高窟第 454 窟主室佛坛南壁清代画花鸟屏风六扇中第四扇上画有二人对弈，红色正方形小棋盘则是放在两端为板足，但中间镂雕一大如意头装饰的长几案，几案面心似乎是大理石面，这种几案在敦煌壁画中极其少见。

安逸享受

敦煌壁画上的『凭几』

敦煌壁画上的三足凭几，多出现在唐代壁画《维摩诘经变》中，直形凭几则少见，仅在隋、初唐壁画中出现。

（一）凭几的发展

考古发现证明，春秋战国时已有几存在。曾侯乙墓就出土有"H"形板式漆几，几全身黑漆，几面和立板足侧面画精美的朱色云纹。有学者认为，该类几不但可凭依，还可当放器物的几案，功能多样。凭几应当是从俎和案分离出来的家具，而直形凭几又早于曲几和三足几等。几和凭几的面宽度比案小，多置席地坐者的前面或侧面，起到依靠的作用。凭几，起初普通百姓尚无资格享用，只有贵族使用。汉代凭几，是坐席的倚靠物，种类有直凭几、陶曲凭几、陶几。汉几形状特别，若"孤鹄蟠膝，曲木抱腰"之状。三国时曹操以节俭知名，曾把缴获的"素凭几"赏赐给以清廉著称的部下毛玠。安徽马鞍山三国东吴朱然墓曾出土有褐漆三兽足曲凭几的实物。南北朝时人们在牛车中也有使用三足凭几的。南齐时代的文人孔珪、北周时懂数种语言的名臣于谨都喜用凭几。

唐代中期为我国座具发生较大变化的时代。初唐阎立本绘制的《历代帝王图·陈宣帝像》中，宣帝即凭轼盘坐。初唐《步辇图》，唐太宗手扶着直形"挟轼"即二足凭几，坐在由数位宫女抬的步辇上。前引《北齐校书图》（宋摹本）中，一校勘者左侧放置两足的凭几，即"挟轼"，它是由几直接演变而来用作凭依的家具，其出现的时代实际比三足曲几要早。唐代道教造像天尊所凭依的三足凭几多与南北朝相似，包括敦煌壁画中不多的凭几图也多是三足曲凭几，而且腿以兽足居多。唐代宫中对凭几的使用有定制，可能仍然分等级。三足凭几由于弧度的关系，放置身前可凭依；放在身后可仰靠；放置肘两侧，可斜倚养神，是一种轻便、小巧实用的家具。直形的挟轼，其功能较之三足弧形凭几则略逊几分，故而三足凭几在南北朝至唐代使用是最多见的。日本称凭几为"挟轼"或"肋息"，日本正仓院中仓藏有唐式挟轼两具，以木画作为装饰，四周有金银平脱工艺。

宋代后妃仪卫制也有使用凭几的记载。日本收藏的重要文化遗产宋（13世纪）绢画《维摩居士像》中，居士箕踞坐在装饰壶门的榻上，右手持拂尘，左臂凭依二如意头、三树根瘤足的凭几，手持写卷。元代文人也用凭几，宋元刘贯道绘《梦蝶图》上，所绘庄子，右手持扇仰卧于粗木做的四腿床上，头枕胡床（马扎），脚搭直形凭几上，上部呈"∏"字形，下部左右为"几"字形腿的凭几上，这一形状的凭几少见。明代光宗和大臣也使用凭几。凭几在明清时期基本被淘汰，个别隐者、文人仍在用。故此，明清时的凭几不论图像和实物都很少见，今故宫尚存康熙时仿制的一件皇帝出巡、围猎时用的木胎凭几。

（二）敦煌壁画中的凭几

敦煌壁画中少见有直形的挟轼凭几，隋第 420 窟西龛北侧《维摩诘经变》中，居士踞坐于方丈内的软座具上，右手持扇或麈尾，左手放长方形凭几上（图 73），前似有二垂直的足（已变为黑色），这与唐代一些传世的绘画中描绘的直形挟轼（凭几）相似。初唐第 209 窟西壁《故事画》中，一踞床坐的人，双手扶一直形挟轼凭几，其足似为曲足。敦煌壁画中三曲足凭几即"三弯腿"形式，在十几铺经变画中出现过，而且大都在唐五代宋的《维摩诘经变》中有描绘。如隋代第 314 窟西龛北侧《维摩诘经变》"问疾品"，维摩居士坐一装饰有二壶门的榻式座，左手扶三足为三弯兽足腿的凭几，这是较早的一幅三足凭几图。初唐第 203 窟西壁龛外南侧《维摩诘经变》、第 220 窟东壁《维摩诘经变》、

图 73 第 420 窟
坐几 隋

图 74 第 335 窟 凭几 初唐

图 75 | 第 334 窟

第 335 窟北壁《维摩诘经变》中，居士均一手持一麈尾、一手挥动，坐于四面装饰壶门的榻式高座之上，座的三面围有折扇屏风，顶有四角的四根立柱撑起的华盖，从而形成架子床式的一个空间，高座前放一梳背足的供几，上供香炉和供器等，依扶三兽足凭几（多数仅现一足）（图 74）。第 334 窟西壁龛内佛光两侧《维摩诘经变》中，北侧维摩手持麈尾坐高座（架子床）中，他的右侧有一件三兽足凭几，只见两足（图 75）。面前有一几案，背后立三面围的折扇屏风；盛唐第 103 窟东壁

图76 第 103 窟
维摩 变相

门南《维摩诘经变》（图 76）、第 194 窟南壁《维摩诘经变》，维摩
右手持麈尾，箕踞坐高座中，身靠纹饰华丽的一件三兽足凭几。居士
的这种依凭姿态，南北朝隋代都少见。中唐第 159 东壁、第 231 窟东壁、
第 237 窟东壁，晚唐第 9 窟北壁、晚唐第 156 窟东壁，五代第 61 窟东壁、
第 98 窟东壁《维摩诘经变》等，还有法国吉美博物馆藏敦煌纸画五代
《维摩诘经变》，维摩居士均是坐装饰壸门、足底加托泥的高座，四
角立柱撑起顶部的华盖，立柱多有圆环与高座固定。身后有三面围的

图77　第95窟
　　　

折扇屏风、扶三兽足凭几、一手执麈尾、一手挥舞侃侃而谈。还有晚
唐第85窟东壁门北《维摩诘经变》居士所凭依的三足凭几全是画有木
纹的树根形（图77）。三足凭几主要在《维摩诘经变》中出现，当与
南北朝时代玄学人物的风尚有关，动辄谈玄论道，行为怪癖。画家所
描绘的维摩居士，恰恰就是模仿玄学家的风采、刻画这位辩才无碍的"金
粟如来"与文殊菩萨激烈辩论。元第95窟西壁南侧一罗汉坐榻上扶三
足凭几，面前放一张栅足几案。敦煌壁画中的"凭几"多是三兽足凭几，

且明显滞后于中原，晚至隋、初唐才蹒跚到来，中原早在莫高窟营建时就已流行了。敦煌石窟中的许多图像或者在河西地区，艺术品图像尤其表现民俗类的一些用品，相当多的是由东向西传播而来。

陈设家什

由低向高渐变的桌案

敦煌壁画上，唐代才大量出现桌案类家具图像，见于《维摩诘经变》《法华经变》《观无量寿经变》《弥勒经变》《药师经变》等，且多为四面围帷幕的长方形案，只有晚唐和西夏壁画中出现四腿和带枨的方形和长方形桌案。另外，在《维摩诘经变》中，还有为数很少的有装饰壸门、底足加托泥，面上画有纵横线的围棋案。晚唐壁画中的带单个抽屉脸的桌案，是西夏、宋带多个抽屉脸桌案的开端，而且为宋元正式带有抽屉并配有拉手的桌案奠定了基础。

（一）桌案家具的历史

案，仍与"俎"和"禁"原始的案类家具有关系。河南新郑县裴李岗早期新石器时代文化遗址出土有石磨盘，盘下有四个柱状形矮足，外观很像一矮案或矮桌，也许可视为禁、俎、案、桌等家具的初始形态。还有新石器晚期辽东半岛等地区盛行的巨石建筑"石棚"，也有称"姑嫂石"和"石庙子"等，即祭祀或原始宗教用建筑，用二至四块石板套合在一起，上覆盖一块大石板，形状像桌案，据说它代表先民对巨石的崇拜。同时期的欧洲英、法等地也出现过巨石建筑，他们则称作

"桌石"。"石棚"建筑，对于夏商周时期的桌案类家具，不敢断言有直接的影响，但似有间接的影响和作用。山西龙山陶寺文化遗址（约4200 年前—4500 年前）出土的带足的木案可谓夏商时代案类家具的滥觞。"俎"，为殷商时代礼器，祭祀时把牲畜置于俎上，有几、案、桌等家具基本功能，应是几、案、桌等家具的雏形。秦汉时人们所用案类家具日益广泛，种类也不断增加，有些案可能很矮小，能双手搬动或手持，有些较高。

案有食案和书案等多种形式，有大小之分，且样式也在增加。汉代的案并非单纯的长方形，还有圆形等。汉代案类家具种类很多，有书案、三足铜案、漆金渡足奏案、青玉案、杂宝案、板案、画案、平台案、漆案、翘首案、矮屠案、虎噬牛铜案、圆形铜案、食案、陶案、木案等。1982 年敦煌佛爷庙、新店台墓群 44 号墓出土西晋的明器"三足陶案"，圆面直径 39 厘米，三足高 6.5 厘米。案在晋代形状有圆形、方形、长方形等多种类型。汉魏时案多画有拦水线，敦煌唐宋壁画的案面多数也画拦水线，此线主要是防汤、水溢淌，溅人衣物的作用，当是敦煌画工沿袭传统的结果。

唐代文人士子读书通常是在案上，当时桌子尚不普遍或尚未称桌，

图 78 第 217 窟 彩画 桌

敦煌唐代壁画可为证。初唐墓中也出土有明器翘首栅足案和四足翘首案。陕西扶风法门寺地宫中出土有曲形薄板足翘首香案，这种案唐代前后都少见，翘首为卷轴形式，薄板足扭曲成"凸"字形，左右板足与二横枨相互连接，当为足下加的托泥，以稳固板足。翘首几案，敦煌壁画初唐始出现，并普遍流行开来，直到宋、西夏。莫高窟初唐第323窟北壁《佛图澄事迹》故事画中，后赵皇帝石虎盘腿坐在长方形榻上，双手扶榻上放的长方体案，右侧放四足、左右各一枨的四方案，高度与榻等高，同一画面中出现两种案；盛唐第217窟南壁《法华经变·化城喻品》，也出现榻上放置的褐红色长方体案（图78）。唐代的桌案，开始还有束腰的作法。

五代、宋先后出现了书案（桌）、棋案（桌）以及琴桌等家具。桌案放在榻上的形式，敦煌唐宋时期的壁画上是很常见的，这应是明清以及民国时代"炕桌"形式的滥觞。元代带抽屉、足底加托泥的桌，是宋代蹼足加托泥桌的进一步发展。该类桌的造型和结构为元、明家具的形成逐渐奠定了基础。北宋末叶家具图像，明显比宋初家具图像繁琐。桌案的装饰变得很华丽，券口牙子、腿和足雕刻的纹饰大幅度增加，"渐趋繁饰"。这些变化是与室内布置变化相一致的，随着高座家具的流行和普及，机、凳等前面摆上了高桌案，妇女们也逐渐使用上了做女红用的桌案和梳妆打扮美化自己的镜台，镜台明显比南北朝及唐代带支撑物的镜架更实用便利。所有这些物质的、精神的创造，都为明代家具的大繁荣奠定了富有深层民族心理特性的扎实基础。

从这一时期家具的造型看，家具的结构与建筑结构多有相似之处，或者说有模仿建筑木框架的结构，梁柱式代替以往的壶门形框状箱形结构，并成为家具结构的主流。如灯挂椅子（二出头椅）、四出头椅就是典型的仿木构架建筑造的家具，敦煌五代、宋壁画上的椅子也同样如此。敦煌桌案类家具五代、宋多是壶门形框状箱形和四周围有帷幕的，明显滞后于中原地区家具的发展速度，且多模仿唐代旧式。敦煌曹氏归义军灭亡后，西夏至元代敦煌壁画家具图像才发生变化，新风格、新形式方出现，又和中原的家具样式趋于一致，这些与该地区出现相对的和平环境不无关联。

（二）敦煌壁画中的桌案

敦煌壁画中的案分有足案、榻式（带壶门）案和帷幕案、棋案等，这几种均在唐代壁画中开始出现，而榻式（带壶门）案和帷幕案也时有作为食案家具，这在《弥勒经变》和《维摩诘经变》壁画中多见。桌子的出现当在隋唐，而桌子最早的名称则是在五代时期出现。整个唐代尚未出现桌子的名称，而实际桌子形状的家具早已经存在。在五代前，案与桌概念尚无根本区别，五代后由于案与桌在实用功能上的差异，方出现桌子名称，日常生活中案的等级通常要比桌高，随着案的陈设功能的增高，实用功能却降低；随着桌的实用功能的增强，陈设的功能则降低。

1. 有腿足的桌案

敦煌壁画中带四腿的桌案唐代才开始出现。莫高窟隋第 420 窟
顶藻井南披《法华经变》"火宅喻"，一房屋内，二人坐于案后，案正
面上沿似乎有火焰纹牙子，腿足呈银铤式，与隋第 419 窟顶东披《须
大拏本生》一房间中，二人抱小孩共坐四腿榻几乎完全相同、也与隋
第 303 窟人字披顶东披《法华经变》"普门品"上，僧人坐四腿榻，
左侧站立二人，案正面均有火焰纹牙子、足为银铤式，足底横截面应
呈"┌"形。初唐第 220 窟北壁《药师经变》，为灯树添油的侍女脚
前放置一张四腿矮方形案，上放一只似透明琉璃香炉的供器和许多小
圆灯盏等，面的边框有大边和抹头，此四腿矮方案应当为供几。盛唐
第 113 窟北壁《弥勒经变》"嫁娶图"，一临时搭建的顶为三角形的
帷帐中，有两排人相向对坐在一张宽大的四足案上，中间摆一排食盘，
左边靠边一人右腿下垂。众宾客共坐在宽大的长案上进食宴饮，似乎
具有少数民族席地餐饮的豪放风格，甚是别致（图 79）。盛唐第 445
窟北壁《弥勒经变》"七宝"，一方形四腿的桌案上，就供奉一颗巨
大的宝珠，此当为供案。晚唐第 156 窟顶藻井东坡《楞伽经变》中，
肉肆上的肉案为长方形面，但特别的是四腿均向外撇不是垂直的（与

图 79　第 172 窟　五代　授食

图 80　第 85 窟　晚唐　屠宰

五代第 61 窟南壁《楞伽经变》中肉案完全相同），案的高度仅到人大腿部位，一人手在拿肉，一人用杆秤称肉；晚唐第 85 窟顶藻井东披《楞伽经变》壁画中，为劝说人们不要吃肉，特别绘制了屠房，一张长方形四腿案上放有宰杀好的一只羊；另一张案是方形的，屠夫正在割肉，案的高度比长方形案略高，至屠夫的腰际（图 80）。屠案高度达到人腰部，这在唐宋壁画中比较少见，应看作特例。但屠房内放置的四面单枨的案则很别致，它较屠房外的二案低很多，案面由三块木板构成，而且枨上部从画面看，犹如西夏、元、明时代厨房家具抽屉脸的结构，因为案的四条腿在枨下方用土红色画出，已经在向带抽屉脸的桌子迈进了决定性的一步，这幅图像可视为敦煌壁画上罕见的抽屉脸"桌子"形象。

莫高窟中唐第 236 窟南壁《楞伽经变》中，还有一张腿足呈"M"形的屠宰案，案面上放动物肉，案旁有两只狗，二人立于案后，这种案在以前和之后都未再见到过。另外，在晚唐第 9 窟北壁《维摩诘经变》右下角，一间堂屋内有四五个人围坐在一具正面是三只兽腿足的圆形如桌案又似釜的用具，人物背后是四扇折扇屏风，从人数看，此圆形兽足腿的用具定为桌案家具较为适宜，若四五人围在一具如此大的釜铛锅边显得不合时宜，是否为桌案在此存疑。

唐、五代时期家具，河西包括敦煌地区与中原形状大体一致，这与丝绸之路畅通不无关系。北宋河西地区战乱频繁，东南海上丝绸之路开通，陆路丝绸之路逐渐萧条，敦煌地区和外部的交往大大减少，加之敦煌地方政权曹氏归义军政权内部争斗，以往昌盛的局面已成历史，反映在石窟壁画艺术中的标志是：绘画艺术程式化严重，"风格如槁木"，新题材少，大型经变不多，精品罕见，模仿前代和同期的迹象增加。重新在前代壁画上抹泥再在新壁上描绘，且题材多是满壁绿地上画千佛和菩萨。北宋末，还有与西夏相交叉时期的一些壁画上，几乎都是满墙绿色，显现的不是清爽，而是凄苦清冷和呆板，这和中原同时期的情形恰恰相反。

反映北宋汴梁东京一带风俗画面的《清明上河图》中，在闹市和小店中长方形四腿桌案或单枨或双枨的图像很多，还有条凳也与桌案的造型相似，但装饰极少。可见宋初民风尚未崇尚浮华，然而到了宋徽宗时代，奢华之风泛滥。宋代已经出现带拉手的抽屉桌，实际产生的时间应比绘画时间早，但敦煌壁画中尚无带拉手的抽屉桌图像。

瓜州县榆林窟西夏第 2 窟东壁中部，画有男女二人对坐于一张短

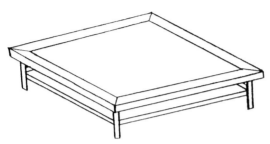

图81 榆林窟第2窟 方矮桌 西夏 杨森白描图

图82 榆林窟第29窟 案 西夏

足四单枨小方矮桌旁，面上画有拦水线，上放碗盏，虽然没有放在炕上，但其高矮与炕桌没有区别（图81）。看五代名画《韩熙载夜宴图》中的桌案家具，其腿足和枨直而细，但高度仍然未增加，几乎与椅子的高度相等。从北宋后期至南宋，桌案的腿部装饰逐渐繁杂，桌案上牙角普遍存在，这是不同于唐代桌案的一大特点，且高度明显高于唐代桌案，高度不少超过站立人的腰部。宋代室内陈设桌案家具种类，大大增加。中原的桌案特点，也影响到了西夏、辽和金。可喜的是宋、辽、西夏、金墓葬出土有不少是木桌案的珍贵陪葬实物，这更能直接领略到当时家具的概貌。

西夏党项族多方学习汉文化。榆林窟西夏第 29 窟南壁门东《真义国师智海供养图》上，鲜卑族国师宝座右侧淡褐色四腿食案边框有大边和抹头，面心为土红色，上面供有盘装食物等，案面的前后、左右牙板和券口角牙均为土红色，细腿间前后、左右侧均为细双枨，做工精细纤巧（图 82）。这与甘肃武威县西郊林场出土的西夏明（冥）器木桌大致相同，只是该明器显得粗笨而已。榆林窟西夏第 2 窟西壁门南《水月观音》背光左侧有张似画了半段矮案，腿间有牙条，四周涂石绿，案边框大边和抹头涂石绿色、案心涂深蓝色。案的形状如同现代的床头柜一样，也可能它是带足的箱柜。

辽、西夏、金墓葬中出土的陪葬实物和绘画桌案图，不论造型和装饰，都与中原地区的桌案相似或相同，无疑是学习或模仿中原。晚唐至宋代敦煌壁画仅从家具图观之，接受中原的风格颇显迟缓，壁画上很多器具图大多是模仿前代和同期的作品，即使有粉本其更换的频率也是极低的。但是到西夏时期，榆林窟壁画中则出现很多莫高窟壁画中不曾有的题材及其物品，如榆林窟和东千佛洞唐僧取经图、国师豪华食案和宝座等。

敦煌石窟元代壁画稀少，此阶段的桌案类家具图像也少。明代未见洞窟，清代仅有少数的壁画作品。莫高窟第454窟主室佛坛南壁清代画花鸟屏风六扇中第四扇上画有板足长条形案，案面显得很厚，右侧案腿画有三瓣花叶形，之下为一条横木足托泥。清代的壁画中家具很少，这六扇屏风画可称得上是精品之作，不亚于清代传世的一些花鸟画。

2. 床榻式（壶门装饰）桌案

敦煌壁画中的床榻式案，民间生活和佛事场景中均有图像出现。莫高窟盛唐第445窟北壁《弥勒经变》"婚嫁图"的宴饮舞蹈场面，一所宅院的演出场地中央，一红衣舞者作"S"形舞蹈表演（六幺？），舞者前方为四五位伎乐奏乐器，背后有一二位奏乐伎乐，左侧是观众席，前面放一长方形四面均带二壶门的案，上放一大罐，案的高度与其后面穿红衣的贵客所倚坐的带壶门的大床一样高，床中间竖排依次放三四盆假山盆景。在该壁画中还有对称的一组图像"剃度图"，佛面前放一前后各装饰三壶门、左右各一壶门，上供放三具水田袈裟的案。在其左右又各有一略高于佛案的长条形供案，前后各装饰二壶门、左右各三壶门，上面依次供放有兽足筒形罐、鼎等（图83）。中唐第158窟东壁门北《金光明经变》右侧房中，是一张前后各装饰五壶门、左右各二壶门的榻式长案，上贡奉着一大朵莲花；左侧房中也是一前后

图83　第445窟　盛唐　（临摹）

各装饰四壶门、左右各二壶门的长案。这二长案面心呈淡绿色，大边、抹头均是褐红色。另外，前引敦煌莫高窟藏经洞出土文献英藏斯坦因S.6983号《观音经一卷》上图下文册页装佛经，写作时代大概属于敦煌曹氏归义军时期（约904年～1035年），二人对坐于圆形带壶门，底为托泥圈足的榻式桌案两边，上放置二茶盏、一执壶，左边一人喝有毒茶水或毒酒，因常念观音号或观音经，而将毒液吐出，从而得救。这二人所坐圆凳也与圆案造型完全一致，两种家具的高度也几乎相等，说明在当时已有制造成套家具的理念和工艺了。这类带壶门、足底加托泥的桌案别处少见，而圆面的榻式桌案、凳则更少见。无独有偶，新疆吐鲁番高昌古城唐代佛寺壁画中，也绘有类似的以柳条编制的带五六个壶门、足底有托泥，案面为三个组合圆形并装饰花卉图案，上面摆放许多瓶罐等器，这可能是当时当地人据现有的材料而制作的简易桌案。

莫高窟中唐壁画中还有既坐人又放物品的带壶门的榻，其用途并非只是坐卧，为榻、为桌案均可。第468窟主室北壁五代画《药师经变》西侧"十二大愿"条幅中一房内，置一前后各装饰二壶门、左右各一壶门的床榻式案，足底托泥模糊，故而其后面和右侧看似案足与券口

图 84

牙子合一，盘坐人物双腿上放置长条形物体（图84）。还有一放置食物的带壸门、足底加托泥的食案。足和券口牙子合一的情况，敦煌壁画中是极少见的，该案腿底下无托泥可能是颜色脱落造成的。

　　这里要附带说明敦煌藏经洞文献中关于"食床"的小问题，因为它很可能就是带壸门的床榻式食案。敦煌文献中"食床"家具名称很常见，或许就是前引壁画中三角形帷幕帐内的长方形箱状形带壸门的案，聚餐的食床实际上亦为食桌或食案，此类食床一般很矮，高约一个成年人的小腿高。又，榆林窟中唐第25窟北壁《弥勒经变》"嫁娶图"中，

也是在一个顶为三角形帷帐内，几个坐筌蹄（坐墩）的食客围坐在一具左右装饰二壶门、足底加托泥的食案前就餐，上面摆放大盘食物、罐、钵等。一端盏穿土红汉装头戴襆头的男子和穿戴吐蕃装的女子并排就坐，其背后立有山水画屏风，帐门口穿吐蕃装的新娘站立、新郎向在座的宾客行跪拜礼，站立的侍女们还都是汉装。在其他同样的画面中通常在案子的两边各放一条长凳或数个坐墩，一排人或几人相对而坐。莫高窟五代第 61 窟南壁《法华经变》，就有在家请客用的长条榻式低案或食床，一前后各装饰三壶门、左右各一壶门、足底加褐红色托泥，案边框为褐红色大边和抹头，案心绿色，上放一餐具。榆林窟第 38 窟主室西壁五代画《弥勒经变》"嫁娶图"中，有一装饰壶门、足底加托泥的食床。敦煌壁画中的"食床"与俗文学作品中的"食床"恰相吻合，

图86　《宫乐图》

可以说食床就是食案（图85）。唐周昉（传）《宫乐图》绢画中，描写的后宫嫔妃十人坐在月牙凳上围在一张巨型的一前后各装饰三壸门、左右各六壸门、足底加托泥的大案周围。案面似绷竹篾，四角有金属包角，应为豪华食床。她们有的品茗、有的饮酒，有五人演奏乐器（图86）。民间和皇宫中的食床虽相同，但档次差别很大。

在唐宋时代，床榻和案的形状大概是不分的。从使用桌案家具的实情分析，唐代人垂足而坐的习惯虽得到推广，但仍受踞坐或跪坐习惯的束缚。而且榻式家具的用途很广泛，可坐卧，可做供案、食案（床）等。带壸门的供案、食案，无疑是从床榻演变或转化而来，其长短、高矮、边框的大边和抹头及壸门，与床榻无别。例如莫高窟中唐第159窟西壁龛内佛光旁屏风画"燃灯斋僧"中，一装饰壸门、足底加托泥的大供案，上放数盘食品；晚唐第 14 窟中心柱北向面《弥勒经变》"剃度图"，有一前后装饰三壶门、左右一壶门、足底加托泥的榻式长供案，上放三笪箩袈裟，说明中古时期，装饰壶门的床榻具备多种功能，并非纯粹为坐卧的家具，还可转换为桌案的功能等。如陕西长安县南里王村唐墓壁画《宴饮图》中的四腿食案和四腿宽条凳、盛唐第 445 窟北壁《弥勒经变》"嫁娶图"中，一装饰壶门、足底加托泥的食案和酒尊形坐墩，还有该经变男"剃度图"中有一具长方形装饰六壶门、足底加托泥的矮长供案，上置五只笪箩内放五件待僧人穿的水田袈裟。五代第 61 窟东壁《维摩诘经变》"酒肆"，酒店中六人聚会，一具前后各装饰约三壶门、左右各一壶门、足底加托泥的案，前后侧各放一只四矮腿长条凳，各坐三人。前引《宫乐图》中的大食案，可以看出唐代平民、贵族和宫中的家具配置差别大，豪华程度不可同日而语，前者简单朴素，后者奢华典雅，与画家反映的人文环境适应。敦煌壁画中反映的多是民间生活场景，其家具也多是平民性的。

3. 帷幕桌案（供案）

帷幕案，在敦煌壁画中是数量最多的家具图像，在世俗画面中较少，在佛座前摆放最普遍，还有菩萨和天王及"十王"前等也放置帷幕案。它在初唐和盛唐壁画中有少量的出现，中唐至宋、西夏则是大量的出现。莫高窟中唐第474窟西壁龛内北壁屏风画《弥勒经变》宴饮图中，放置一具长帷幕食案，宾客四男五女两边分坐一条四面均为一桄的长凳，高度约一人的小腿高，每人面前各一双筷子和一把勺子。晚唐第156

图87　第156窟　施荼军　晚唐

图 88　敦煌雕版印刷《金刚般若波罗蜜经》　敦煌藏经洞出土　残图

窟顶藻井西披《弥勒经变》"嫁娶图"中，宾客们所坐的长凳和食案均为帷幕包裹（图87）。

　　敦煌壁画晚唐帷幕桌案有一个特点是案面中间多铺有长垫。装饰壶门的床榻和帷幕案可以变换使用，既可以当床榻，也可当桌案。斯坦因劫夺的敦煌莫高窟藏经洞出土的 ch.ciii.0014 号唐咸通九年（868年）雕版印刷《金刚般若波罗蜜经》卷首版画中，佛陀面前的帷幕桌案上铺有长垫，上放供器，案边框有大边、抹头，这属于敦煌唐宋桌案家具共有的特点，与中原情形相同（图88）。莫高窟第150窟南壁晚唐画《金刚经变》"布施图"，有一长帷幕供案，案的大边、抹头为黑褐色，面心为淡绿色，上面摆放珊瑚树、净瓶、摩尼宝珠、盘、盏等物品；中唐第 236 窟东壁《维摩诘经变》"斋僧"场景，一长帷幕案上，摆放数盘食品，台阶上的数位僧人坐在方毡毯坐具上正在进食，一俗人正在端盘上台阶为僧人送餐。中唐第 361 窟南壁《金刚经变》"布施图"上也有相同的帷幕案，画的较为粗糙。晚唐第 14 窟南壁《十一面观音变》中，一帷幕案是作为供案用的，上面放置丝织物、盘瓶罐等。还有晚唐第 18 窟北壁《金刚经变》"布施图"上，也有类似的帷幕案，但画粗糙。晚唐第 12 窟南壁《弥勒经变》"嫁娶图"，在三角顶的帷幕大帐中，吃酒宴的男女宾客分左右各坐在带帷幕的长凳上，中间的食案特殊，底层是一具褐色帷幕的长案，边框也有大边和抹头，与帷幕长凳等高，但在长案的上面又加一具前后各装饰约四壶门、左右各装饰二壶门、足底加托泥的淡褐色榻式案，案面仍有大边和抹头，案心为淡绿色，上放食物等。敦煌壁画中五代宋即曹氏归义军时代的帷幕桌案与唐代的大多相同，其用途也逐渐增多。

敦煌唐宋时期的这种神佛供案均有共同之处，案面中间铺香炉垫，拖至地面，案边框有大边、抹头，帷幕的顶端有些画有几何纹和宝珠。

敦煌壁画及其绢画和纸画上的帷幕案，也多是作为佛、菩萨、天王、十王等面前的供案，但也有十王把它作为自己的高座来使用，这也可视为帷幕案的又一种功能，但此类案很少在民间场景中出现。山西大同云中大学 1 号金代墓奏乐壁画中，也有一张放碗盏、食品等的帷幕案与敦煌壁画帷幕案相同；故宫藏明代绘画《徐显卿宦迹图》帷幕案与敦煌壁画中的也相同。敦煌壁画中元代壁画帷幕桌案图像鲜见，明代无洞窟修建，清代个别洞窟壁画偶尔有此类桌案。

4. 棋案（桌）

敦煌壁画上的棋案几乎都是围棋案，均很矮，主要集中在《维摩诘经变》中。围棋，春秋战国时已有其文字记载，孔子《论语》中就有"博奕（弈）"，可能说的就是原始的围棋。《左传》和《孟子》也提到"弈"。"围棋"的名称在西汉末年扬雄的《方言》中首见，"围棋谓之弈，自关而东、齐鲁之间皆谓之弈。"弈，西汉时已是围棋的别称。班固撰有《弈旨》，东汉硕儒马融有《围棋赋》、李尤撰《围棋铭》。两晋南北朝时代佛道盛行，文人、玄学家、佛教徒等多嗜弈成癖，梁武帝终生好弈，也撰有《围棋赋》等著作。这时围棋别名又叫"手谈""坐隐"。《三国志》载蜀后主刘禅延熙七年（244 年），军情紧急时，光禄大夫来敏和费祎仍然镇定自若对弈，很有大将风度。围棋还有"烂柯""乌鹭"等称谓。

围棋盘汉代始见有实物。河南安阳隋代张盛墓出土有正方形瓷棋盘明器，形状与敦煌壁画上的棋盘完全相同，前后、左右四面各一壸门，前后足下加托泥，左右则无，纵横各 19 线，与吐鲁番唐墓出土的屏风绢画一女性弈棋图的棋盘相似，与现今使用的棋局线数相同。敦煌文献《王梵志诗》载"双陆智人戏，围棋出专能。"这是诗歌中谈论的围棋。陕西扶风法门寺地宫出土的鎏金茶盒上，也刻有围棋案图像。古代敦煌盛产棋子，并且是作为贡品进贡。今敦煌市博物馆，就藏有在唐代寿昌城遗址采集的石制灰、白色围棋子数十枚，还有半成品及毛胚；敦煌市的甜涝坝唐代遗址也采集有石制灰、白色围棋子十余枚，多是上圆下平的形状。瓜州县也出土有白色围棋子，与敦煌出土的相同。

中唐以前棋子均两面呈凸状，之后逐渐变为上凸下平的当今还用的形式，敦煌唐代围棋子就是此形状。中唐社会的确是一个巨变的时代，小到一颗围棋子，大到家庭用的家具，均有革命性的转变。唐宋也称围棋为"方圆""黑白"。敦煌文献英藏 S.5574 有《棋经》一卷,它为我们提供了早已失传的古围棋经典。《新唐书》载燕国公张说曾以形容围棋来考验李泌的才学,"方若棋局,圆若棋子,动若棋生,静若棋死。"此后,也有将围棋称"木野狐"和"鬼阵"的。

敦煌壁画和文献中的棋案(桌)主要出现在《维摩诘经变》中,佛经说"若在博弈戏乐,辄以度人。"《维摩经略疏》进一步解释说:"若至博弈戏处处,辄以度人。博谓博塞,弈是围棋之类,辄以度人者,化令不着无记掉散空丧出世之功。"也就是说,维摩诘来到娱乐场所,乃是劝化众生。莫高窟中唐第 7 窟东壁《维摩诘经变》中,居士出入于游戏娱乐场所,规劝人们,有一张三壶门榻式围棋桌,纵 14 线、横 11 线,二人对弈,居士坐后。中唐第 360 窟东壁《维摩诘经变》中,文殊菩萨下方的屏风画北起第三扇中,有二人对弈,棋盘案为四面各二壶门、足底加托泥,横 15 线、纵约 19 线。新疆吐鲁番阿斯塔那墓葬第 72TAM187 号中,出土的唐木框联屏绢屏风画上,一位盛装妇女对弈图中的带壶门、足底加托泥的围棋盘,装饰的相当华丽,纵 16 线、横 15 线(或谓纵横 17 道线),盘上布有黑白色棋子若干;阿斯塔那墓唐 206 号曾出土过一具实物木质的方围棋棋盘，每面二壶门、足底加托泥。四边各长 18 cm、高 7 cm，纵横各 19 线 361 个交点，与现今棋盘完全一致。日本奈良正仓院北仓所藏"木画紫檀碁局"实物，每面各装饰二壶门、足底加托泥，棋盘面上纵横 19 道线和 17 个花点，在左右侧面各有一存放棋子的抽屉，据说是唐玄宗赠送给日本圣武天皇的礼物。敦煌壁画中从未见过带抽屉的围棋盘。

《梵网经》规定僧人"不得摴（樗）蒲、围棋、波罗赛戏、弹棋、六博、拍球、掷石、投壶。"后秦龟兹鸠摩罗什在翻译该经时，将佛经中加进了许多天竺原本没有的，仅中国有的游戏名称：围棋、六博、樗蒲。榆林窟五代第 32 窟北壁《维摩诘经变》，居士出入的娱乐场所有一前后各装饰三壶门、左右各二壶门、足底加托泥（颜色略有脱落）的榻式黑褐色围棋案，棋盘面与托泥呈淡褐色，纵 16 线、横 10 线，上有 10 余子，二人盘坐对弈。莫高窟宋第 454 窟东壁门北《维摩诘经变》中，居士出入的娱乐场所有一前后各装饰三壶门、左右各二壶门榻式围棋案，纵横各 9 线，上有 20 余子。壁画上的纵横线只是表示它是围棋盘，纵横线数目并未真实绘出。敦煌壁画自唐至宋围棋案形状始终一致，

图 89 第454窟 甬室 宋

与同期艺术品和出土围棋图像、明器、实物造型相同（图89）。

　　敦煌壁画中还有赌徒赌博用的榻式案，如中唐第159窟东壁《维摩诘经变》，有居士劝谏掷骰赌博的场面，赌徒四人围坐一具四面均装饰四壶门、足底加托泥的大型矮案上，有几颗骰子，居士在旁边劝导说教。

　　敦煌壁画清代作品中只有一二幅围棋图像。莫高窟第454窟主室佛坛南壁清代画花鸟屏风六扇中第四扇上画有二人对弈，棋盘画横 10 线、纵 12 线，棋案的牙角与四足合一，旁边还放一与现代相似的圆棋罐。据敦煌壁画图像看，古代的榻既可做坐卧具，又可做桌案或棋案、供案等使用。五代、宋敦煌壁画中的棋案或棋盘，均很低矮，实际就是把带壶门的榻搬来，面上画纵横线即成棋案或棋盘，与榻无别。清代的围棋盘与五代、宋时期的棋案、棋盘已有很大的区别，最明显的是腿足完全不同，而共同点则是低矮，这可能是传统跽坐习惯所致。现代中日韩等国的围棋盘也仍然是低矮形的，高度大多数为一个成年人的小腿高。

5. 长方供案

莫高窟盛唐第 45 窟北壁《观无量寿经变》东侧"未生怨"，国王侧坐大殿中的一张前后各装饰二壶门、左右各一壶门、足底加托泥的褐色榻上，但榻上却放一张长方体类似案的物件，案面为褐色、四周为绿色，国王右手臂扶在边上，左手扬起在给站立的一位大臣下达指令（图 90）。前文初唐第 323 窟北壁"佛图澄洒酒灭火"史迹画中，后

图 90　第 45 窟　等　盛唐

赵皇帝石虎请和尚共升中堂，皇帝盘坐在一具前后各装饰约三壶门、左右各装饰约二壶门、足底加托泥（部分颜料脱落）的褐黑色榻上，双手扶在一具长方体形状土黄色类似案的家具上（参见图 14）。盛唐第 320 窟北壁《观无量寿经变》东侧"未生怨之欲害其母"画面，大殿中的太子即新国王所坐榻（图 91）的配置与第 323 窟壁画中石虎的相同，只是长方体案是绿色，并在案面还铺一长块红色布。盛唐第 217 窟南壁《法华经变》《佛顶尊胜陀罗尼经变》一大殿中，一戴冕旒着衮服的国王坐在一装饰三壶门、足底加托泥的褐红色榻上，左手扶一具长方

图91　莫高窟　案　晚唐

体褐红色案, 接见仙人并赐他丝绸。晚唐第85窟南壁《报恩经变》"鹿母夫人故事", 一大殿里国王的座前就放置一张褐红色长方体类似案的家具, 国王在后面就坐, 左手扶在案面, 旁边一贵妇坐圆墩上, 周围有大臣站立; 该窟同一经变中的"射金狮故事"中, 国王坐的一具褐红色长方体类似案的家具, 是放在每面皆装饰二壶门、足底加褐色托泥的淡褐色榻上, 他右手扶案, 左手指点跪在大殿阶下双手抱被射杀金毛狮子的猎人。还有晚唐第144窟北壁《报恩经变》"善事太子入海取宝", 大殿中的国王右手也扶一具褐红色长方体物件。这种长方体类似案的物件，首先完全排除它是帷幕形案，因为整体上不见皱褶而是有棱有角，并且大多为佛经故事中国王的专用物。它或许仍属凭依、置物的一种家具，该物件其他文物中罕见。

十二

尊卑等级

敦煌壁画上的室内外屏风

敦煌壁画中除坐卧类和几案类大型家具外，还有屏风、衣架、箱等小型家具。壁画中的衣架和箱等家具图像数量比床榻、几案少，其形态与中原相似。中原文化对西北一隅的敦煌通常认为有巨大的影响或直接的传承，但在家具文化上所表现的特征尚显薄弱，敦煌北朝壁画上罕见屏风的影子。晚唐、五代、宋时期即敦煌张氏归义军和曹氏归义军时期，石窟区开凿大型洞窟多过以往，但壁画的新内容却大大减少，重复旧内容、格式、布局居多。西夏占领敦煌，归义军政权灭亡，壁画又出现了新内容及布局，如榆林窟西夏壁画中出现"唐僧取经图"等。在丝绸之路上，文化的传播和影响，并非在任何方面都能从石窟寺等艺术品上全面地反映出来，毕竟表现的大多属佛教艺术内容。

敦煌壁画上的屏风家具

敦煌屏风家具图像在隋代壁画中最早出现，仅见数幅，屏风家具图像和"屏风画"到唐代才大量涌现，屏风画的数量大于屏风家具的数量。敦煌壁画中屏风家具图像在《维摩诘经变》中出现最多，其次在《法华经变》《报恩经变》《弥勒经变》《观无量寿经变》《观音经变》

等经变中出现，单独出现的立屏风少见，多数是与床榻配套使用。壁画中，还有围障和坐障等，在活动场所和床榻旁作隔离用的还有布（步）障。敦煌的"屏风画"盛唐即已出现，开始是在西壁佛龛里出现；后来在洞窟的经变画下部出现，画有人物、菩萨、佛经故事等。另外，石窟四壁一幅或数幅经变画，也应视为立屏和联屏屏风画。敦煌壁画上的屏风图像晚于中原，敦煌石窟晚至十六国时才开凿，敦煌壁画首先是佛教艺术品，世俗画面不可能大量地绘制，现实的各种用具在壁画中的再现颇为有限，而图像未必全都画的准确无误。

1. 屏风的发展

屏风最早称作"邸"或"扆"，后有称"树""罘罳"等。"屏风"，正式名称出现的时间，据《三礼图》载："屏风之名出于汉世，故引为况旧图云：从广八尺，画斧无柄，设而不用之义。"实际出现很早，宋高承撰《事物纪原》载："汉制屏风，盖起于周皇邸、斧扆之事也。"《释名·释床帐》载："屏风，言可以屏障风也。"此礼器一直延续到清朝灭亡。

《汉书·陈万年传》讲到陈咸在父亲的床下因瞌睡"头触屏风"

而遭父亲责备。天子使用的家具屏风应是作为装饰物，并非全是礼器。东汉李尤撰《屏风铭》："舍则潜避，用则设张。立必端直，处必廉方。雍阏风雅，雾露是抗。奉上蔽下，不失其常。"描述了屏风的功能和状态。《西京杂记》载"汉武帝为七宝床、杂宝桉（案）、侧宝屏风，列宝帐，设于桂宫，时人谓之四宝宫。"赵昭仪后来给赵飞燕信中提到自己的"云母屏风，琉璃屏风"，这些家具均由汉武帝赏赐。

西汉时期屏风的种类也进一步增多，太子幕僚、贵族、富豪们大量地使用屏风，属于贵重物品。广州市象岗山西汉墓出土过可折合拆卸的贵族家用漆木大屏风实物。汉桓宽撰《盐铁论》描述"一屏风就万人之功"，一座屏风需要动用万人之力，可见制作工艺的繁杂和价格的昂贵。汉代墓葬壁画上有很多屏风图像，还出土有玉石屏风实物等。汉墓中画的屏风多是与坐榻、茵席或毡毯相匹配的家具，并且屏风已经由单独的一扇变为多扇折合的曲屏风，可折叠。摆放在榻或坐席后面围成"┌""┐"和"∏"形。

晋王嘉《拾遗记》载：汉武帝赏赐给宠臣董偃的"紫琉璃帐"中置有"火齐屏风"。火齐即云母的一种，透明或半透明有玻璃光泽，矿物学名叫作"金云母"。河南洛阳涧西汉墓中还出土过明器陶屏风，屏风外形为长方形，下部为二墩式承托，至唐宋时这种类型的屏风造型很多，可见影响之广。汉代小榻围有屏风和魏晋时代床榻围有多扇折扇屏风，是南北朝、隋唐、五代时期兴起的有围栏板床榻的先声。辽、金、元时代，木床上架设有栏杆和围板的做法仍然是他们的遗续。

魏晋时代屏风种类依然在增加。三国时曹操平定柳城缴获过"素屏风、素冯（凭）几，赐（毛）玠"。汉代羊胜撰《屏风赋》有"屏风鞈匝，蔽我君王"，起隔障作用，现今医院用屏风就是起隔障遮蔽作用。三国时东吴"孙亮作绿琉璃屏风，甚薄而莹澈"。顾恺之的《列女图卷》上，卫灵公独坐的平台榻上配置有三折扇屏风，上绘二幅山水图，屏风高度略超过坐者的头。《邺中记》载石季龙"作金银钮屈戍屏风，衣以白缣，画义士、仙人、禽兽之像。"屏风间连接使用金属钮屈膝、钮屈戍即专业人士说的"走马销"。金属钮屈膝（合页）的图形，画的最清晰的当推五代王齐翰绘制的《勘书图》中的三折扇屏风，中间的屏风与左右扇连接处各有四枚花朵形的钮屈膝。文字描写最具体的推唐李贺《屏风曲》诗句："蝶栖石竹银交关，水凝绿鸭琉璃钱。团回六曲抱膏兰，将鬟镜上掷金蝉。"银交关，实乃银质的钮屈膝。

　　莫高窟晚唐第 196 窟南壁经变下部的十五扇屏风画，有六扇屏风各画"供养菩萨"立像，在每扇褐红色边框屏风画的间隙，上下各画有一石绿色小条块相互连接，这就是一种金属钮屈膝附件；敦煌西千佛洞中唐第 18 窟西壁北侧第二幅壁画二人共坐一张前后各装饰三壸门、左右各二壸门大方榻上，背后和左侧围一副约十扇三折的屏风。藏大英博物馆北魏绘唐摹本《女史箴图》上，一斗帐内，约十三扇屏风似乎是许多扇拼合而成的所谓"通景屏风"（或"联屏"），该屏风每扇的屏芯似由苇席等材料制作，画有席编纹。这种屏风底不带座或承托，仅拉开一扇就能竖立，但此通景屏风并不高，高度仅到倚坐在床榻前栅足几上的人的头顶，放置在一带壸门、足底加托泥的榻床上，床榻正面出入口的屏风可内外活动，若全部伸直，几乎可形成四面合围的空间。通联屏风影响后世巨大，时间跨度也长，至今也很常见。该屏风也称作"立地屏风""围屏"和"折屏"。

　　屏风分带插座（硬屏风、重型的）和落地屏风（通景屏风或软屏风、折叠的、轻型的、联屏）两大类型。插座屏风发展到后来，也有多扇的形式，但奇数的占多数，有三、五、七、九等，而且材料多是木雕、宝石、玉、琉璃、云母、雕漆、髹漆彩画等。底边框两侧有腿，可以插入底座，边框多装饰有站牙，屏风顶也有屏帽装饰，以加强其牢固性。此类屏风多是放置在居室中的主要位置，皇宫中，如故宫太和殿，座屏（七扇）则是陈设在大殿正中的明间。插屏作为带底座屏风的一种，实际就是独扇，由两部分即底座和屏框组合而成，座下左右两承托，也有墩形的等。插屏大小不一，据房间布局及房门的大小而定尺寸。插屏既可做遮挡、起照壁的功能，也可做装饰品，小型的更是如此；可折叠的屏风，不带插座，通常扇数呈偶数，以二扇为基数，可达十数扇，扇与扇间有环钮等连接，可折合。个别也有用锦联系，便于折叠。每扇略微移动就可树立，其长短可视场所的大小而随意拉长或缩短，适合临时性的布局陈设；软性屏风做法与上大同小异，只是长度和高度大大减小。唐代以后多流行桌屏、炕屏、灯屏、台屏等，多以木料为框，用锦、纸张等装裱，上刺绣或者画人物、山水、鸟兽等，也有专门写有名家书法作品的字屏或书屏。

山水屏风如李白《观元丹丘坐巫山屏风》诗，书屏如白乐天诗《题诗屏风绝句序》，还有韩偓《草书屏风》。《旧唐书·虞世南传》载唐太宗使虞世南书列女传，并装成屏风。《新唐书·房玄龄传》载房玄龄"治家有法度，常恐诸子骄侈，席势凌人，乃集古今家诫，书为屏风，

图92 第103窟
马伟 临摹

令各取一具"，此字屏成为教育箴言、座右铭等用。《旧唐书·宪宗纪》载"御制前代君臣事迹十四篇，书于六扇屏风"，这是唐天子的御笔书屏。莫高窟盛唐第103窟东壁门南《维摩诘经变》，居士在四立柱撑起的华盖中坐的一带壸门、足底加托泥的高座后立的约六折扇屏风上，写满草书。通常在座具后面立的折扇屏风俯视呈"冂"形状。唐代仍有素屏流行，白居易《素屏谣》可为证，素屏在草堂陈设，与诗人当时的心境和处境是相适应的。敦煌壁画中也有少量的素屏风，或许是由于时间久远颜色脱落、或是画工由于布局需要，简化它们。

唐朝的强盛表现在多方面，经济、文化艺术、中外交流等，因而唐朝人物质和精神生活异常丰富和活跃，并且有着海纳百川的胸怀。

从史籍和唐诗以及出土的日常生活用品文物中，就能说明这一切。唐代的屏风种类十分丰富，不仅继承，更有创新。这与社会生活的实际需求和当时手工业诸如小木作工艺、漆器工艺、螺钿镶嵌技艺、金银工艺等的发达和绘画艺术的繁荣发展密不可分。五代王定保撰《唐摭言》卷10载有"珠箔银屏"、李商隐《嫦娥》诗中的"云母屏风"，都属高档屏风。唐代屏风制作的材料很丰富，边框为木骨，屏芯为纸或绢，有素屏、漆屏、七宝、银屏、云母、软障等屏风。大唐时代屏风放置的位置也比南北朝时复杂，除扆是放置在天子背后固定的位置外，通常置于厅堂中的是插屏；放于床后、枕边的为枕障；贵妇们座具后的坐障等。唐宫廷内，后妃和一品至四品命妇等人的卤薄礼仪制度中，配置有等级和数量不同的坐障。屏风在唐代依然是贵重高档奢华的用品或者成为纯粹的装饰物。

厅堂上的屏风描述见于杜甫《奉先刘少府新画山水障歌》；张祜《题王右丞山水障二首》："日月中堂见，江湖满座看。夜凝岚气湿，秋浸壁光寒。"诗人把厅堂屏风仍然称作"障"。《杜阳杂编》卷上载唐肃宗和代宗两朝宰相元载的芸辉堂有杨国忠旧物"悬黎屏风"，"屏上刻前代美女伎乐之形，外以玳瑁水犀为押，又络以真珠瑟瑟"，这是一副七宝屏风。枕障和坐障唐诗中也多有描述，如李白《巫山枕障》、白居易《卯饮》的"短屏风掩卧床头"。

吐鲁番阿斯塔那唐墓出土的六扇唐代《乐舞屏风》，分别画有二、四乐舞伎，每扇画一人。仕女人物屏风，是初唐的代表性家具。这些出土的屏风屏芯为丝织品。敦煌当地实际存在的屏风屏芯无非也是这类软性材料。宁夏固原武后圣历二年（699 年）梁元珍墓室内西壁和北壁各画五扇屏风画，共十扇，每扇一枯树下立一男子，边框用唐代屏风画惯用的红色；阿斯塔那第 216 号墓"列后鉴诚图"和第 217 号墓的"六屏式花鸟"都是六扇屏风，边框为土红色。敦煌壁画中屏风画边框绝大多数是此色。唐宪宗御制"前代君臣事迹十四篇，书于六扇屏风"，此屏芯为软材料的六扇屏风。六扇屏风的描写有唐诗人方干《题画建溪图》诗句："六幅轻绡画建溪，刺桐花下路高低。"此记载与敦煌盛唐壁画所反映的屏风画情况颇相吻合。

莫高窟第 126 窟北壁中唐画《观无量寿经变》东侧"未生怨"中，一房内绘五壸门长床的左侧和背后，立有六折扇屏风。又，唐代墓葬中还可看到画有六扇以上的屏风图像，如阿斯塔那墓第 217 号墓中还出土有八扇的明器"牧马屏风"。日本收藏有两幅吐鲁番出土的"唐代树下人物"屏风纸画。对于仕女屏风画杜牧《屏风绝句》有描写："屏风周昉画纤腰"，"斜倚玉窗鸾发女"。陕西长安县南里王村唐墓壁画也有六扇六曲仕女屏风，边框也为红色，画面中树旁一妇女或站立或倚坐在四足凳上。上述屏风画及明器屏风，多数在 150 厘米左右高，且当时各地六扇屏风很流行。《历代名画记》卷二载："阎立本、吴道玄屏风一片值金二万，次者售一万五千。"唐代屏风比之汉代价格不知又高多少倍。卢纶题画诗《和马郎中画鹤赞》："高高华亭，有鹤在屏。削玉点漆，乘轩姓丁。"这是用玉石装饰的漆屏风，类似于现代的雕漆工艺。唐天宝十载春，唐明皇命有司为安禄山房内配备"银平脱屏风"等高档家具，该屏风属于漆器高级工艺品。

唐代金碧山水画的创始人右武卫大将军李思训（653 年－718 年），曾为皇帝"画大同殿壁兼掩障"，此掩障当是天子御用屏风。唐代还出现了明清时代较为流行的台屏的最早形式，《宣和画谱》卷十三载唐宪宗大臣令狐绹"家有小画人马幛"，该幛当是小屏风，因为精致，被宪宗看中攫为己有。宋、元、明、清时代的屏风也和魏晋南北朝、唐时代的差别不大，只是更加豪华多样而已。

2. 敦煌的屏风家具

屏风的功能先是礼器，后为装饰品，再后来发展到实用物品，到了近现代又有装饰功能多于实用功能的倾向。初期屏风较矮，且屏芯由丝织物构成，汉代纸发明后，可能用纸张，但长期以来丝织物一直是屏风的重要构成部分。当然也有用玉石、琉璃、漆木、云母、火齐、陶质、石质、银平脱等制作的屏风。汉魏以前多是单独的一屏硬屏风，南北朝时代折叠式屏风进一步增多，而且高度也在渐渐增加，虽然汉代已经出现可折的屏风实物，但毕竟折合的片数仅二三扇，隋唐及其以后折扇屏风的片数大大增加，片与片之间有金属交关连接开合，作为家居家具的折扇屏风一直延续到近现代。

敦煌壁画中的屏风图像始于隋代，止于宋西夏。敦煌文献法藏可能是吐蕃占领时期的寺院文书 P.3432《龙兴寺卿赵石老脚下依蕃籍所附佛像供养具并经目录等数点检历》有"仏屏风像壹合陆扇。"晚唐张氏归义军时期的文书法藏 P.2613《唐咸通十四年正月四日沙州某寺交割常住物等点检历》有"屏风骨两副""屏风角镊伍拾叁""蹛游队纸屏风面壹副""阿弥陀瓶（屏）风壹合"。曹氏归义军时期的寺院文书法藏 P.3067《庚子年（940 年或 1000 年）后某寺交割常住物点检历》

（二）有"大佛屏风拾贰扇，小屏风子肆扇。"这两件均似指折扇联屏，有大有小，寺院中还拥有达十二扇长的屏风。敦煌壁画中单独出现的立屏较少，仅在莫高窟盛唐第445窟北壁《弥勒经变》"嫁娶图"中表现的最多、最丰富、最集中。敦煌金山国时期的寺院籍帐文书法藏P.3638《辛未年（911年）正月六日沙弥善胜从师慈恩领来器物食物历》中记载的"踏隔子肆片""家部隔子壹""高脚子隔子壹片""方隔子贰""鱼肚隔子壹"家具，可能就是指这类独扇立屏，而且种类还不少。文献中的"踏隔子"当属于床榻旁放置的屏风即床屏。若干年前，一件价值五百万元的明代黄花梨"隔扇"古董，经大玩家王世襄的鉴定，后来价格蹿升到一千八百万元人民币的高价。清末民国时河南一些地区也称屏风为"隔扇"，可能还有古代床屏的遗风留存。另，初唐209窟西壁《佛教故事画》中，有一座织物性的帷障（幛、帐），它由五根立柱似乎是竖栽于地下以支撑整个帷障，三根撑中间、另二根撑两端，从而形成四个折扇面，布（步）帷障内站立五女子，这种织物布帷障在其他画面上表现不是很多（图93），它与山东沂南汉代画像石上的"步障"很相似，也与《晋书·王凝之妻谢氏传》载谢氏用以自蔽的"青绫步鄣（障）"也相类似。北周粟特人安伽墓石棺

图93 第□□窟 布（步）障 □唐

"野地宴饮乐舞图"，右下角就立一弧形"步障"。在敦煌《弥勒经变》等壁画中的婚礼和剃度场面出现有不少布（步）帷障，亦即围成三面或半圆形的幕布，围在活动场所或床榻旁用作遮蔽隔离的布（步）障或锦障。如盛唐第445窟北壁《弥勒经变》女"剃度图"中，就有两处围有最为典型的做遮蔽之用的一整块呈半圆形步障（幛），它由近十根细立柱竖栽地下支撑整个步障，八根撑中间、另二根撑两端，里面站立八名女子，一女子坐束腰墩正在被一法师持刀剃发，一侍女站其身后或跪着端筐箩接发，而旁边的男"剃度图"则未搭建步障。在《弥勒经变》"嫁娶图"中，还有三角形顶的帷帐，如同两面坡的房屋。盛唐第116窟北壁《弥勒经变》"嫁娶图"（壁画榜题文字有"女五百岁行嫁"），一临时搭建的顶部是三角形，下部三面围的帷帐，门上方下垂蓝色条的布幔，帷幕形大案上摆几大盘食物，男女分两边长条凳上就坐正在宴饮，新郎、新娘和男女傧相在地毯上站立，面对礼席作揖行礼，一侍者端盘上前。相同的顶为三角形帷帐还有盛唐第33窟南壁《弥勒经变》"嫁娶图"，其婚俗新郎、新娘拜见长辈是男跪拜女站立不拜。该经变下部还有两处是男女"剃度图"，各有一幅三面围的褐色步障，而且左侧男子剃度的步障要明显矮于右侧妇女剃度的步障；盛唐第113窟北壁《弥勒经变》"嫁娶图"也有一顶为三角形帷帐，但为二新人双双跪拜，傧相们站立一旁；中唐第186窟顶藻井北披《弥勒经变》"嫁娶图"，有一顶部是三角形，下部三面围的帷帐，里面正在宴饮，男女分两边就坐，仅见妇女身后还配有红条框的多扇屏风，门上方有左右下垂的布幔，帷幕形大案上摆几大盘食物，门外是多名歌舞伎在长方形毡毯上表演乐舞。与第186窟顶部是三角形，下部三面围的帷帐相同的还有榆林窟中唐第25窟北壁《弥勒经变》"嫁娶图"，吐蕃占领时的婚俗穿吐蕃服装的新郎、新娘仍然是行男拜女不拜礼俗、晚唐第9窟顶藻井东披《弥勒经变》"嫁娶图"奠雁的场景、晚唐第12窟南壁下部屏风画弥勒世界诸事"嫁娶图"，婚俗还是男拜女不拜；

晚唐第 85 窟顶藻井西披《弥勒经变》"嫁娶图"、晚唐第 196 窟北壁《弥勒经变》"嫁娶图"、五代第 98 窟南壁《法华经变·化城喻品》、榆林窟第 20 窟南壁五代画《弥勒经变》"嫁娶图"婚礼来宾中、宋第 454 窟顶藻井东披《弥勒经变》"嫁娶图"，连大英图书馆藏敦煌藏经洞出土的唐五代纸画编号第 259《弥勒经变》"嫁娶图"，也有一根横梁支撑顶部形成三角形，下部是三面围的帷帐图，行礼的新郎、新娘以及男女傧相皆是站立。榆林第 20 窟和莫高窟第 454 窟的这种顶为三角形房屋状的帷帐，顶部明显是有"Π"形横梁和左右各竖立柱支撑起来，想必其他的这类布障都应是如此临时搭建的。宋第 25 窟顶藻井东披《弥勒经变》"嫁娶图"上，还临时搭建有顶部是平顶的帷帐呈"Π"形，外表为灰条纹、内里为绿条纹，出口似有竖的立柱，此帷帐少见。

临时搭建的带三角形顶或平顶的这类帷帐，在 20 世纪八九十年代及 21 世纪初，我国许多地方在红白喜丧事上，主要是丧事上，也用帆布或尼龙布以木椽、钢管等材料临时搭建帷棚、席棚，以方便停灵，亲友来客慰问吊唁等，许多人都是见到和参加过丧事的，这些应当是传统民俗的流传。

莫高窟中唐第 159 窟南壁《弥勒经变》总共有四幅"剃度图"均

是三面围的"["形，为了稳固步障，拐角处和出口处共立有四个立柱顶端有柱头，四幅步障内均呈淡绿色、外均呈淡土色的长横条，中间铺有大型绿色地毯。相同的步障还有中唐第 361 窟北壁《弥勒经变》"剃度图"中，是两具三面围的步障，也有四个立柱起到固定作用；榆林窟中唐第 25 窟北壁《弥勒经变》女"剃度图"中，三面围的步障的四个立柱柱头则是三瓣花形状；晚唐第 12 窟南壁《弥勒经变》男"剃度图"中，有一具三面围的形状外呈粗细淡蓝、白色相间的长横条、内侧呈粗细淡蓝、红色相间的长横条步障，拐角和出口共有四个立柱支撑，中间铺有大型地毯；晚唐第 196 窟北壁《弥勒经变》男女"剃度图"中，分别有一具三面围，内外均绘有云气纹饰的步障。该经变"嫁娶图"拜见长辈宾客的画面中，新郎新娘站在一具三面围的竖条云气纹饰的步障里。与此相同的步障还有同期第 14 窟中心柱北向面《弥勒经变》"剃度图"，五代第 61 窟南壁《弥勒经变》男女"剃度图"中，分别也有一具三面围，绘有淡蓝色长横条纹饰的步障，内铺有大型地毯，与晚唐时代的格局相同。五代第 146 窟南壁《弥勒经变》女"剃度图"中，有一具三面围的也绘有云气纹饰和淡蓝色长横条纹饰的步障，内铺有大型地毯，同期第 100 窟南壁《弥勒经变》男女"剃度图"中，右侧两组妇女剃度、左侧两组男子剃度均是三面围有四个立柱、绘有云气纹饰和淡蓝色长横条纹饰的步障。与第 100 窟相同的三面围的步障还有榆林窟第 20 窟南壁五代画《弥勒经变》"嫁娶图"中，三面围的步障上端是三根横木杆由两根立柱撑起的，这与其他窟壁画上搭建的方式略有不同；宋第 25 窟顶藻井东披《弥勒经变》女"剃度图"中，剃度场面有一具三面围的外表淡蓝色长横条、内侧是红黑色长横条纹饰步障、在"嫁娶图"中也仍然有新郎新娘站立在这种华丽的三面围的步障中，吃酒宴的众人则聚在旁边搭建的步障棚子里，呈"∏"状，外表呈灰色长横条、内侧呈绿色，似乎出入口两侧也栽有立柱。通常这种属于临时性搭建的三面围的步障，在两个拐角处和左右开口处均栽有立柱并在其顶端多装饰柱头。与宋第 25 窟相同的步障，还有宋第 454 窟顶藻井东披《弥勒经变》"嫁娶图"。这类步障俯视皆呈直角的"["和"⊐"形。坐障（幛）、步障等基本功能与屏风无二，故古代屏风又别称屏障和障子，唐诗中有不少描写。

　　敦煌壁画上的屏风图像多是表现折扇屏风的图像，屏风至隋才出现，时间上晚于中原。主要在《维摩诘经变》中出现最多，其次是在《法华经变》《报恩经变》《弥勒经变》《观无量寿经变》《观音经变》

图94　第420窟　折扇屏风　隋

等经变中。经变中多是折扇屏风，且大多与床榻相配使用。敦煌壁画
上最早有屏风的图像是莫高窟隋代第420窟顶藻井南披《法华经变》
中，一小平顶帐，四角有立柱，中有一件四方榻，榻上又摆一装饰壸门、
足底加托泥的榻，上坐一人背靠隐囊，其后似有一件三折扇的围屏，
屏后围一群弟子（图94）；隋第302窟东壁门上《说法图》主尊佛坐
须弥座，佛背后、左右，立有齐肩高的左右各折四扇，共约十五扇的
粉红色曲屏风（图95），这幅图理应算作敦煌壁画中扇数最多的折扇
屏风图。北朝至隋唐之际，文人雅士的家中床榻旁或许是配备这类屏
风的。敦煌文献《下女夫词》（S.2659、3227、3877、5515、5949、
P.3147、3266、3350、3893、3909号）有"堂门策四方，里有肆合床，

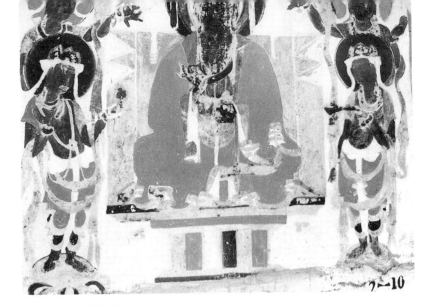

图95 第302窟 屏风 隋

屏风十二扇，锦被画文章。"四合床旁似乎是围有十二扇屏风，与《女史箴图》上四面围屏风带顶盖和帷幕的床帐当有相似相同之处。杜甫《杨监又出画鹰十二扇》诗，是盛赞杨监画的十二扇鹰的折叠屏风。另外，前引李贺《屏风曲》诗"蝶栖石竹银交关，水凝绿鸭琉璃钱。团回六曲抱膏兰，将鬟镜上掷金蝉。"此"六曲"，应当为"六折"之意。敦煌文献中记"佛屏风像壹合陆扇。"屏风的量词为"扇"和"合"，从"合"这个词判断它是可以折叠的一组屏风，并且佛像也可以画在屏风上。寺院中屏风的屏芯或为织物、或为纸张，能画佛像的屏风，在当时只能是这几种材料，他们与民间所使用的屏风应当相似。屏风及屏风画，说明唐宋时期的殷实之家家具陈设和布局颇为讲究。

图96 第445窟 屏风 盛唐

　　敦煌壁画中四腿床和带壶门足底加托泥的床榻，很多是附设有屏
风家具的亦即床屏。敦煌《维摩诘经变》中，居士的高座上，均立有
三折的多扇折叠屏风，屏风的正背面也多画有花鸟纹、几何纹、草书、
大团花等图案，这些多少能折射出当时家庭陈设床屏的实情。敦煌壁
画中的屏风以落地屏风即通景屏风或软屏风亦即联屏为主，属于轻型
类屏风；至于插屏即硬型屏风，图像罕见。但盛唐第445窟北壁《弥

勒经变》"剃度图"院落中有僧人跪拜的场景，立有独屏或插屏（图96）。莫高窟初唐第335窟北壁《维摩诘经变》，居士坐高座"架子床"上，背后立四扇、左右侧各一扇的六折扇屏风。此屏风面上的图案内侧是不同色彩的长方形装饰、外面则是绘有竖排的圆形花鸟图案，该折扇屏风与初唐第220窟东壁《维摩诘经变》居士背后、左右立的六折扇

图97　第23窟　折扇屏风　盛唐

屏风相同。盛唐第 23 窟东壁《法华经变》表现念观音解脱淫欲的情节里，淫舍中四腿矮床背后、左右立有折扇屏风。另外两所院落房中各有一床，后均立有折扇屏风，这当属床屏(图 97)。盛唐第 148 窟甬道盝形顶上《报恩经变》中，善友恶友二人辞别父母欲泛海寻宝的场面，大厅后面和右面均布设五折扇的山水屏风。画山水屏风的还有榆林窟中唐第 25 窟北壁《弥勒经变》"老人入墓"图中，穹庐形墓狭小空间内的榻后，立有二扇画有山水的屏风；晚唐第 156 窟东壁《维摩诘经变》，居士高座后面立有数扇屏风，上均绘山水画。盛唐 217 窟南壁《法华经变》"得医图"中，一所豪宅内，一贵妇人盘坐在铺有茵褥的床榻上，床榻后立有可以看到的二折四扇屏风，其中有一扇上画有芦雁，是为花鸟画屏风；在一亭子中，有一人坐于带壶门的榻上，其背后仅见三折扇屏风上绘有绿色花草；另一处房中，三人坐在带壶门的榻上，榻后面也立有五折扇屏风，上绘花草。盛唐第 23 窟顶藻井南坡《观音普门品》"离淫欲毒"，妓院中男女二人坐四腿床上，床后立有遮蔽作用的五折扇屏风，上面也绘红绿花草。盛唐第 103 窟东壁《维摩诘经变》中，居士手执麈尾箕踞坐高座上，背后左右立六折扇的边框为褐红色的屏风，内侧是写满龙飞凤舞的草书书法，外侧装饰花纹，内侧的斜线若隐若现似乎是半透明的，该折扇屏风若猜测不错，画工描绘的当属琉璃屏风。盛唐第172窟北壁《观无量寿经变》，佛经故事中的皇后韦提希，为躲避太子追杀跑向一栋房中，房内有一张大床，床后则立绘有绿底红团花图案的六扇屏风。五代第61窟东壁《维摩诘经变》上，居士手执麈尾坐高座上，他身后、左右立有折扇屏风五扇，上面绘满团花。法国吉美博物馆藏的敦煌纸画五代《维摩诘经变》与同时代第61窟《维摩诘经变》居士坐具高座配置的完全一致，手执麈尾扶三兽足凭几、四立柱撑起华盖，三面围六折扇的屏风，内外均绘大团花图案。折扇屏风在当时敦煌的殷实家庭中也盛行陈设此家具。

莫高窟第445窟北壁《弥勒经变》的"嫁娶图"中，一座宅院中观赏乐舞的场面，其中贵客坐的布帷障中立有一座折扇屏风，在院中还立有六座屏风可能是立屏，围拢成一个表演场地，另一些宾客坐于屏风的内侧观赏（图98）。其中，有五扇为拉直的三折和四折扇屏风。五扇屏风中有一扇屏风背部是淡蓝色，有两扇的边框只画半截，又似二折扇，屏芯似琉璃或绢。奏乐的乐伎背后所立屏风特别，边框为褐色，屏芯似为一整块淡蓝色的琉璃或云母，唐代琉璃和云母屏风很时髦。若是琉璃或云母，此当是插屏。在蓝色插屏背后，一座四折扇屏风屏

图98　第445窟　折扇屏风　盛唐

芯为土红色；大门口的一座四折扇屏风屏芯也为土红色，一侍者正偷闲把着屏风的边隙向里偷看演出。在此宅院的西侧，有一座二折扇屏风旁边一盘腿坐的女供养人侍女的右侧又有一座三折扇的呈"Z"字形折叠屏风，该屏风后面有一女供养人合十跪拜。此乐舞场面实际是在宅院中临时用屏风围拢的场地，屏风的实用和便利性得以充分的展现。该窟是敦煌壁画中屏风图像数量和种类最多的一幅画面，其余《弥勒

图 99 第85窟 晚唐 莫高窟

经变》"嫁娶图"和"剃度图"中，多是布设的幕布帷障，而帷帐中也
设折扇屏风。

敦煌文献记载古时婚礼盛行奠雁礼，"升堂奠雁，令女坐马鞍上，
以坐障隔之。"此"坐障"（锦障），当如莫高窟盛唐第 445 窟、晚
唐第 12 窟和第 85 窟（图 99）等的帷障。五代周文矩画《宫中图》奏
乐一组画中，四位坐红色四腿凳演奏笙、琵琶、竖笛、拍板的乐伎后面，

图 100 帛 地戟 三 三角雁陽 中唐

立一黑色隔帐，帐端头为如意形装饰。

敦煌壁画中还有表现百戏"顶竿"和"橦技"表演图，一人肩头或头顶竖一细长高杆，杆顶端站立一至二三人做各种高难动作，以吸引和取悦观众，艺人表演的场地就是由三面闭合的三角形"△"帷障设施围起来，如中唐第361窟南壁《金刚经变》三角布帷障为土红色（图100）、晚唐第9窟西壁《楞伽经变》三角形帷障为淡蓝色云气纹饰、晚唐第85窟顶藻井东披《楞伽经变》三角形帷障为黑灰条纹饰、晚唐第138窟南壁《金刚经变》三角布帷障上端一条纹为土红色，下边四条条纹为褐红色、晚唐第156窟顶藻井西披《弥勒经变》，三角形帷障为灰白色、五代第61窟南壁《楞伽经变》三角形帷障为淡蓝色条纹饰、宋第454窟南壁《楞伽经变》三角形帷障为灰褐色相间条纹饰，相同的三角形帷障还有宋第55窟顶藻井东披《楞伽经变》百戏表演道具。明清时期口技艺人的表演场所也与此类似，由幕布帷障围着，观众只闻其声、不见艺人，精彩的表演结束，艺人方撩起幕布与观众见面。

唐代做隔扇用的屏风屏芯为软材料的称软障。唐代障的种类很多，实际存在的"障"当早已有之，东汉时的"步障"应是这类障的早期形式。陕西靖边杨桥畔汉墓壁画中"观赏者图像"有三面围起的"步障"的典型形式。在敦煌《书仪》中的"坐障",应是汉代流行"步障"的延续,区别可能仅是大小、长短的不同。

盛唐第445窟北壁《弥勒经变》"剃度图"中的褐色障(图101)与东晋王凝之妻谢氏所用的障相似;榆林窟第38窟西壁五代画《弥勒经变》中的"嫁娶图"上也有类似更华丽的步障。盛唐第33窟南壁《弥

图101 第445窟 步障 壁画

勒经变》"嫁娶图"中，有用黑色条纹幕布（或毡类）围成的数十丈的方形小院，还有帷幕大门。院子的西半部一块小长方形地毯上站立男拜女不拜的新郎和新娘等众人，向宾客行拜见礼；东半部还有搭建的三角形顶的大帷障作为宴饮大厅场所，长帷幕案两边各有四腿长凳坐有长辈及宾客，这是一组最为典型的围障，但奇怪的是均未见起稳定

图102　第33窟　盛唐　嫁娶

支撑作用的立柱（图102）。此围障论长度可能与《晋书·石崇传》记载石崇与贵戚晋武帝的舅舅王恺斗富，两人分别作的五十里"锦步障"和四十里"紫丝布步障"有相似之处，该壁画上是用布料围作一个大院子，以此也可想见晋代四五十里的步障到底是怎样的情形。明画家仇英《临萧照瑞应图》中军营里仍出现有四面图，正面有大门，四角有立柱支撑的大型布料帷障。中唐第159窟南壁《弥勒经变》左下角"嫁娶图"，搭建有三角形顶的大帷障作为宴饮大厅场所，脊部有一横梁和起支撑梁的一（二）短立柱，一长条形帷幕桌案两边坐数位宾客，地上铺大型长方形地毯，门外两新人站在小长方形地毯上向宾客行拜见礼。榆林窟中唐第25窟北壁《弥勒经变》西侧"墓茔惜别"，一老者倚坐在穹庐形墓茔中的床上，床正面带壶门加托泥，床背后立有两扇画有山水的屏风画，老人正与家人惜别（图103）。这描写的是弥勒世界老人为求解脱，自动入墓的场景，多少反映出民间家庭床屏的一般布局。婚礼宴饮图中，食案背后也画有折扇屏风。晚唐第85窟顶藻井西披《弥勒经变》一画面左侧，一名高擎火炬的引导者在前，后面骑马的新郎和傧相前往新娘家迎亲，旁边有驮彩礼的马匹，新娘和女傧相等五人站在二折六扇屏风围的地毯上，羞涩地等待迎亲的队伍。该

图 103 榆林窟第 25窟 弥勒经变 剃度

窟顶南披《法华经变》的庄园图中，露天场所中有男女二人共同盘坐在一张大床上，床后及右侧立有二折八扇屏风，上画几何图案，从其形式看，又似敦煌文书中记载用以分隔区域的"坐障"。此形状的坐障在晚唐第12窟南壁《法华经变》"作战图"右侧还有描绘，以上与床搭配的屏风应视为床屏。王仁裕等撰《开元天宝遗事十种》卷下《隔障歌》记宁王宫中"设七宝花障"、《金鸡障》载"明皇每宴，使禄山坐于御侧，以金鸡障隔之"，皇宫中障的种类的确不少。

敦煌五代时期屏风的种类不少，有独座屏风和折扇屏风等。曹氏归义军时期敦煌文献法藏 P.3067《庚子年某寺交割常住什物点检历》记有"大佛屏风拾贰扇，小屏风子肆扇。"这两件均是联屏，有大有小，敦煌壁画中联屏最长的是十五六扇，寺院中却有十二扇长屏风的实物。五代周文矩绘《重屏会棋图》上，描绘的是南唐中主李璟与兄弟四人下围棋的情景。四足床榻后立一独座屏风，长度与床榻等长，屏风左右的边框直抵地上，在抵地的边框前后又加装一段条木承托。此屏风上还画有三折扇的山水屏风画，屏风围有一张带壸门、足底加托泥的床，屏风的高度约有站立的两个侍者的身高，这属于高大型立屏。此类带承托的屏风在敦煌壁画中罕见。周文矩另外一幅《宫中图》的观赏组画中，亭内两张四腿凳子后立有屏芯上画水波纹的插屏，屏框为红色，有站牙但无座墩。周文矩的一幅《合乐图》有一大型的三面围的折扇屏风，南唐高官韩熙载盘腿坐的大型长方形榻放在中间，在此榻三面又围有淡蓝色边框为连珠纹的折扇屏风，在该屏风的两端另加装与屏风等高的两端有如意头的搭衣服的衣架，大折扇屏风右侧站立一举宫扇的宫人，榻下放置一长条矮足脚踏，这是围屏中又有围屏的高等配置，普通人家不可能这样设置。大立屏图像，有河北曲阳五代王处直墓壁画画有近景山水立屏和远景山水立屏图，可窥五代独扇屏风的概貌，他们是"墓室壁画极罕见的独立水墨山水画题材"，此类形式与敦煌壁画很相似。五代顾闳中《韩熙载夜宴图》上，有三座插屏，其中两屏上画山石、树木风景，边框均是淡蓝色；一座背面呈白色无装饰，无边框，为一完整的竖条板。三座插屏下部均是褐色抱角站牙、墩形足。南唐时绘画大师董源，曾为李后主在宫门前的"琉璃屏风"上画有逼真的着青红锦袍的宫娥，吓得被召见的大臣词人冯延巳在门前徘徊不敢进宫。至明清时代流行的插屏要小得多，但工艺均比五代绘画作品中描绘的独座屏风高，至少材料比唐、五代、宋时期的硬度高，明清多用花梨、紫檀等，画面上多为山水、风景、人物等，还有用花梨做框，嵌有象牙、玉石、木雕组合的山水插屏。

　　莫高窟五代第98窟东壁北侧《维摩诘经变》，居士箕踞坐四方形的每面装饰二壶门、足底加托泥的高座上，高座三面围直抵华盖的折扇屏风，内侧画大团花，右侧外画四幅圆圈对鸟纹，左侧内画瓶栽花卉；该经变右下角的"酒肆图"上，一亭内居士和宴饮的人物背后，画有土红色长条框的可折叠的六扇屏风，其中两扇间画有三个绿屈膝钮。敦煌五代壁画，已经没有像唐代那样有着丰富的内容，略显单调。第132窟东壁北侧五代画《维摩诘经变》，居士箕踞坐高座上，高座上三面围有直抵华盖的折扇屏风。经变画中的屏风家具图像多数是屏风与床榻合一的折扇屏风，插屏图像则很少见到。五代王齐翰绘《勘书图》上，居室内放置高大的三折扇屏风，中间与左右扇连接处各有四个屈膝钮，上画山水，屏风下部的两端有承托，似一小卧虎。中间的一扇屏风长度比前面放的四腿床榻还长，比床榻高约三倍，约等于站立的两个侍者身高，这属于高大型三折扇屏风。从屏风带屈膝钮附件看，两处绘画的时间相近。后蜀高祖孟知祥晚年"寝室常设画屏七十张，关百纽而合之，号曰繙宫。"折扇多达七十扇，由于有环纽即屈膝，易于搬动，此屏风长度当是空前绝后的。敦煌石窟唐五代宋时期的经变画下部，通常绘有褐红色竖条框的所谓屏风画，多数是演绎上部经变的部分内容，也有如晚唐第196窟南北壁下部画的菩萨立像各十五扇的屏风画，但令人惊异的是在这些褐红色竖条框的上下空隙处，各有二绿色的竖条，这应当就是象征性地表现每扇屏风间有环纽即屈膝亦即金属铜合页，比如中唐第158窟东壁下部；晚唐第12窟的东、南、北壁下部（图

图104　第12窟　屈膝合页　南壁

104）；五代第 98 窟南、北、西壁下部等的屏风画均是此画法。

　　敦煌宋代壁画即曹氏归义军后期，与五代壁画总体情况相同，日益衰落。屏风家具，依然是屏风和床榻合一的形式。最为明显的还是洞窟东壁的《维摩诘经变》，居士所坐的"架子床"高座上，背后左右三面三折的多扇屏风，若俯视则均呈"冂"形。屏风内外画的花纹依然华丽，衬托这位下凡的"金粟如来"身份无尚高贵。

　　两宋时，家庭陈设中的屏风家具，插屏类形式逐渐增多，这与房屋建筑跨度加高，高座家具的普遍流行有一定的联系。敦煌壁画与别处的屏风图像种类比较而言，插屏少见。宋代中原汉人生活习惯及其家具形式也被周边少数民族模仿或学习，相当多的家具与中原家具样式完全相同，甚至是直接拿来为己所用。

　　元代的屏风形式和其他家具一样仍然是对五代、宋的继承，变化和创新不多。但元代敦煌壁画中很少有屏风的图像。明代敦煌没有留下开窟的痕迹，无壁画可言，清代仅留下若干幅有价值的屏风画等。譬如，莫高窟第 454 窟中心佛坛南、北壁上，有清代绘制的各六扇花鸟屏风画，也可与同期纸、绢质地的花鸟画相媲美。榆林窟第 37 窟南北壁清代各画有六扇联屏式人物山水花鸟屏风，左右下部两侧各画有

图 105　第 45 窟　北壁　盛唐

站牙，屏心最上端一排装饰有六边框中一横竖均出头的"田"字形图案，屏心下部画有很高的条板，当时可能流行这类屏风家具。

　　汉代"罘罳"的图像在南北朝、唐宋时代仍然罕见。莫高窟盛唐第 45 窟北壁《观无量寿经变》东侧"未生怨"中，国王坐的大殿前方，大臣站立的地方有一长墙，上有低的檐，上面铺有瓦，正面画有约六扇屏风样的竖条，这或许就是秦汉时代的"罘罳"，此判断若正确，此图应是对汉代"罘罳"形象的诠释（图 105）。屏风最初的功能是为避风，后来演变为一种礼器，从礼器又分化成卤薄仪礼和实用的家具，进而又演变为一种装饰性的工艺品，这些在先秦时代都已经具备。屏风包括坐障所具有的三种功能中，礼器功能的使用范围和局限性很大，仅限于帝室、高官、皇家寺观；后两种功能则一直延续至清末民国。现代屏风的这后两种功能范围又大大缩小，局限于宾馆、酒楼、医院、戏剧舞台等，普通百姓家中屏风家具的设置少见。

衣物展示

十三

先竖、后横、再竖立的衣架

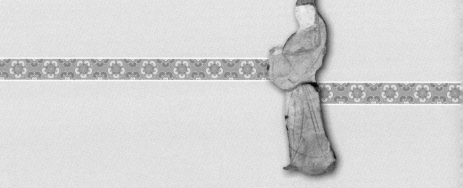

　　衣架，源于周代或更早，分竖架和横架。竖者谓楎，《礼记》载"男女不同椸枷（架），不敢县（悬）于夫之楎椸，不敢藏于夫之箧笥，不敢共湢浴。"也就是说，男女不能共用同一个衣架，特别强调女子不能把衣服挂在丈夫的衣架上。最原始的衣架可能是钉在墙上的木桩、木橛，正如《尔雅》中所说："橛，谓之杙。注，㮚也。在墙者谓之楎。"南朝萧齐时名士刘瓛妻"王氏椓壁挂履"，土落刘瓛母亲的床上，刘母非常不高兴，刘瓛因此而休妻。椓字，工具书释为"敲"，即在墙上钉橛挂鞋子，在墙上钉橛子挂物习俗是很久远的事。用以挂衣服的横杆称作"桁"或"椸"，《尔雅》的注释云"竿谓之椸。"宋代邢昺作疏说："竿谓之箷（椸）"，"凡以竿为衣架者，名箷（椸）。"战国早期墓葬出土的云雷纹衣架，可谓我国所见最早的横衣架实物，搭脑两端各为一凤首，两边竖杆均有接头，可拆卸，二足为覆盘形。古词《东门行》有"盎中无斗米储，还视架上无悬衣。"汉魏晋南北朝时代也称衣架为"架"，但所见汉代衣架多叫"衣杆"和"椸"。

摵和桁的名称，一直沿用至唐宋。山东沂南县东汉墓出土的《宴享画像石》上，室内装饰图像中就有一幅"Π"字形横架，足似两块横木板，很可能就是衣架。画面中还有四足矮案、长方形席或茵、五层四足小案摆在一起，此家具配置符合汉代常见的布局形式。内蒙古托克托东汉闵氏墓壁画在衣架旁就书有"衣杆"二字。汉代衣架很可能与先秦已盛行的直形凭几有某种联系，因为其上部的横杆和双足形状都完全相同，只是把凭几做大、做宽、做高即可，或者为使其更稳固而在下部加一横枨。

唐代韩愈《寄崔二十六立之》诗有"桁挂新衣裳"，柳宗元《柳河东集·永某氏之鼠》有"某氏室无完器，摵无完衣（摵，音移，衣架也）"。唐名僧百丈怀海的《百丈清规》，规定学众入僧堂中"设长连床，施摵架，挂搭道具。"唐代僧、俗称衣架名称同，为"桁"和"摵"。

敦煌壁画上的衣架图像最早出现在北魏，整个北朝衣架图像鲜见，唐宋壁画中其图像增多。敦煌的衣架图像与中原所见图像和实物相似或相同。敦煌壁画中衣架有"开"字、"Π"字形两种。"Π"形横衣架显然是传统样式，据说还有独杆竖形衣架，不过其图像值得怀疑。

敦煌壁画中的"开"字形横竿衣架，最早出现在莫高窟北魏第257窟
南壁《沙弥守戒自杀缘》故事，房中小沙弥自杀的情节中就有衣架的
图像，底下的横杆只是起到稳固衣架的作用，下面的二足近似于兽蹄
形（图106）。敦煌北魏壁画中仅见此一件衣架，西魏似乎也未见衣架

图106　第257窟　衣架　北魏

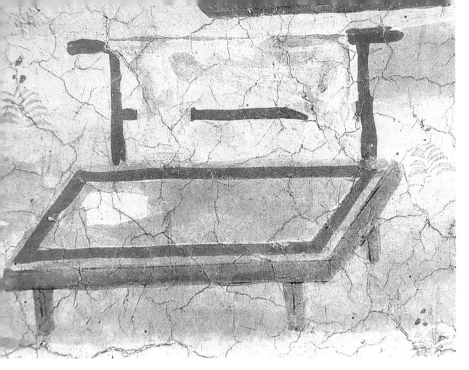

图 107 第 138 窟 衣架 沙武田

图。北周第 290 窟顶人字披东披《佛传故事》中的"衣被满架"，有搭满衣物的衣架，从壁画中看理应是"Π"字形状。隋、初唐至盛唐却少见衣架，这是一个特别现象。

莫高窟晚唐第 138 窟南壁《楞伽经变》中，一张四腿床后立有一架"开"字形衣架，上搭一件衣裳，约在衣架上部三分之一处的第二横杆不出头，左右足被床遮挡（图 107）；同期第 156 窟顶藻井西披《弥勒经变》"嫁娶图"旁边，有一衣架，一端下部有被衣物遮挡的立柱，腿脚不清晰，应该是"＋"字形的，上面搭满衣物，有人在穿衣服，其形状当仍是"开"字状。敦煌藏经洞出土文献法藏 P.2870《佛说十王经壹卷》中也画有这样的衣架。"开"字形衣架，敦煌壁画自晚唐后再未见，然而中原地区直至明清时依然盛行此样式的衣架。宋以前的衣架搭脑横杆下的横枨通常是靠较上的部位，明代这种衣架几乎成为"囗"字形，如现存古董"黄花梨衣架""黄花梨凤纹衣架"实物等。清代衣架搭脑两头刻有相向而望的龙头，如古董"榆木雕花衣架"等实物，搭脑与下面的横枨间有矮老、角牙和中牌子等装饰更加繁琐华丽。

"Π"字形衣架在晚唐壁画中又出现，如晚唐第9窟西壁《楞伽经变》"净衣喻"左下角上，一坐蒲团的僧人旁立有一"Π"形衣架，架脚是长方形木块，但上未搭衣服。晚唐第85窟顶藻井东披《楞伽经变》左上角一衣架也为"Π"形，上搭一件画有十几朵团花及云气纹的衣袍，衣架的左右足较为特别，呈"＋"字形交叉的木条（图108），它与榆林窟第38窟西壁五代画《弥勒经变》"树上生衣"中的衣架相同。五代第61窟南壁《楞伽经变》一洗衣盆后立有一搭有衣物的衣架为"Π"形；五代第72窟北壁《弥勒经变》"木架生衣"（佛经原文为"树上

生衣"），衣架仍为"∏"形，左右的足则是长方形块"■"，此衣架
与榆林窟第 36 窟前室东壁门北晚唐画宋部分填色《弥勒经变》上的衣
架相同，左右足也为长方形块"■"。还有宋第 55 窟顶藻井东披《楞
伽经变》均与第 85 窟的衣架完全相同。甘肃肃北蒙古族自治县五个庙
石窟西夏第 1 窟西壁《弥勒经变》"树上生衣"的衣架搭满衣物也为
"∏"形，横梁的两头是弯钩形，两足有短木墩，在短木墩的前后各一
短枨当为衣架腿足的站牙（图 109），此种形式的衣架莫高窟、榆林窟
等石窟壁画中少见，但与 1977 年甘肃武威县西郊林场出土的西夏明器
衣架的结构相同。

　　敦煌壁画中的衣架家具图像，出现最多的是在《楞伽经变》中，
多数是"∏"字形横架。衣架图像少量的出现在《弥勒经变》儴佉王、
王妃等剃度的场面和《报恩经变》中。衣架家具两头向下弯曲较罕见，
通常是向上翘或者横直形的，敦煌壁画中横直形的衣架图像最多见，
日本正仓院还藏有中国唐代（或仿唐）的"开"字形实物衣架。

　　竖衣架虽然出现最早，但古代也少见其图像。莫高窟五代第 146
窟壁画上有学者称有独杆竖衣架，经调查证实，似无竖衣架图像，或
因壁画模糊导致释读误判。前引敦煌文献法藏 P.2613 号文书中所记"手

十三 衣物展示

先竖、后横、
再竖立的衣架

图 108

图 109

巾木架子"可能是竖立的吧。现代竖衣架国内外还是最普遍使用的衣架。流行时间长的"∏"字形和"开"字形衣架，自清代后期至今反而少见或不见使用，这与服饰从繁琐至简洁等的发展趋势有很大关系。

财货收纳

敦煌壁画上贮物的箱、柜等

　　目前世界上所见最早的箱子实物也应属古埃及第十八王朝末期（公元前 1325 年，约殷商中期）年轻法老图坦卡蒙的墓室箱子实物，法老的马头形床上放置有一口箱子，顶为穹庐形，下有四足；另一有兽尾、兽腿形的床下还有一口略小些的四方箱，底下也有四足，这可算是世界上最早的箱子实物。

　　敦煌壁画中箱、柜等图像，唐代才出现，五代、宋、西夏时期都有，且种类也不少。箱顶以盝顶形（倒斗形）居多，属于我国的传统样式。河北省怀来北辛堡出土的战国墓葬中已经有了盝顶式的髹墨绿八角形漆箱，这是我国较早的盝顶形箱，汉唐宋以及明清多流行。战国早期墓葬中还出土过栅足式箱，开口在顶。敦煌壁画箱子图像在《弥勒经变》《观无量寿经变》等经变中出现较多。从图像也可见当时河西乃至敦煌，民间家用箱柜类家具的一般样式。

　　《说文解字》说："箱，大车牝服也。"《毛诗正义》卷十三载："'睆彼牵牛，不以服箱。'《传》：'睆，明星貌。河鼓谓之牵牛。服，牝服也。'"虽然从文字上不易明了三代时箱子的形态，但从出土的周朝文物或可了解一二。

古代柜子才是现代意义上的箱子，且柜比箱要大。《说文解字》载："柜，木也。从木，巨声。"河南信阳长台关战国楚墓曾出土有文具箱，长35.9厘米、高14.7厘米，内装毛笔和修治竹简的锯、锛、削、夹、刻刀、锥等；曾侯乙墓出土的漆木衣柜、天文纹衣箱，从外观看就是箱子，其中的衣柜，盖子隆起呈弧形，四角有把手，可供搬运。柜的同类还有槛（欐），《广韵》卷四载："槛，大柜。"班固撰《汉武帝内传》载："帝冢中先有一玉箱、一玉杖。此是西胡康渠王所献。"玉石宝箱，汉代以后少见。

战国晚期的墓葬出土过竹笥实物，就是竹子编制的盛物箱子。汉代依然可见竹木编制的"笥""箧""箴""筐""匧""笈"等。《说文》："笥，饭及衣之器也。"箴，《说文》释"竹高箧也。"《通俗文》又说："箴谓之匧笥。"筐，《说文》谓："似竹筐。"匧，《仪礼·士冠礼》郑玄注："匧，竹器名，今之冠箱也。"古代有专门放冠冕的箱柜，清代的帽盒是其流变。笈，《风俗记》载："负书笈学士所以负书箱，如冠籍箱也。"古代很早就有书箱即笈。湖南马王堆西汉墓出土的笥有四十八口，有一口大的是盛衣服的。还有盝顶式箱、躺柜、陶橱等，汉代厨柜多带四足。马王堆墓中曾出土有置放文具和书的箧笥，盖子为盝顶形，装食物的竹笥有三十八件。竹、苇等编制的"笥"的量词汉代可能均为"合"字。湖北江陵张家山汉墓出土的遣策也有"书一笥"，该墓中的书简据发掘者的案验证明原来是装在竹笥中的。《汉书·张安世传》和《汉书·贾谊传》均记载有盛书的"箧"；居延汉简第2922"将军器记"中就有"衣箧三"。《后汉书·刘盆子传》也载有盛书扎的"笥"即书箱。彩绘有帝王、孝子、历史故事等图像的朝鲜平壤附近（乐浪）东汉墓，出土有髹漆画的长方形子母扣装物品的竹笥，工艺相当精湛，边和棱均有金属片、箍等加固，彩绘有多种人物形象，据考证说是来自蜀地。这一样式的箱柜，持续到唐代。

墓葬出土的汉朝箱子实物或明器也很多，江苏扬州西汉墓出土有漆箱，还出土有盝顶式箱、躺柜、陶橱。河南陕县东汉墓出土的绿釉陶柜明器较为典型，呈长方形、四兽足是单独加上的，可活动的开口仍然在顶部，装釉暗锁，顶及正面均有乳钉装饰。东汉末曹操《兖州牧上书》曾提到装梨、枣的箱。《搜神记》"徐泰梦"条载徐氏做梦，见二人到他床头，开箱取簿书，此当是书箱。甘肃嘉峪关魏晋墓中的砖画上，曾出现过三层的餐具柜。《南齐书·高帝纪》载萧道成曾上表主张禁止的奢华物中就有用宝物制作的精致"牙箱"。

古代除箱、柜外，尚有匣、椟、箧、盒等。古代椟即函匣、柜。《韩非子》里有"买椟还珠"的寓言，寓言中的"椟"即小盒子类似于宋庞元英撰《文昌杂录》载宋太宗用的"白玉碾龙合子"。古代"合""盒"通。新疆且末扎滚鲁克墓葬中曾出土约为公元前500年（春秋时期）的动物纹木雕盒，子母口、扣盖；还出土有狼纹木雕盒，子母口，盖失，此当是一般人使用的小器具，长十几厘米。汉代椟还有当食盒的，宋曾慥《类说》追述汉景帝时就有食盒即盛食料的"椟"。显然两者解释有所不同，还有时间早晚，其意义也有所变化。

《史记》载："荆轲奉樊于期头函，而秦舞阳奉地图匣，以次进。"函与匣大小区别不明显，当是用途不同。山东莱县汉木椁墓葬中出土的漆器有二"长方匣"、一"小方匣"，匣顶均是盝顶形状，都有匣底座或匣垫子。盝顶形箱、匣、盒等，汉代依然流行，连汉代的石砚也偶尔可见盝顶式盖。虽然"匣"小于箱，但功能大体无别，形状也完全相同。椑、匣古通。椑，也作盒子用，《庄子·刻意》载："夫有干越之剑者，椑而藏之，不敢用也。"椑、匣，还有囚笼的意义，《论语·

季氏》有"虎兕出于柙。"《汉书·平帝纪》卷十二载："义陵寝神衣在柙中"，颜师古注："柙，柜也。"汉代"椟"与唐代"柙"均当为"柜"之意。唐代琴盒称匣，唐李白《代寿山答孟少府移文书》有"匣其瑶瑟。"匣、匮、椟古代并列。宋戴侗撰《六书故》卷二十七载："藏器也，按今通以藏器之大者为匮，次为匣，小为椟。说文曰：匮，匣也。匣，匮也。椟，亦匣也。别作柜、鑎。"柜的形态有多种形式，有躺柜、立柜之分。湖北荆门包山楚墓中的楚简牍《集（杂）箸（书）》上也有此"匮"字。躺柜为大箱形，立柜为橱柜之类。白居易《宿杜曲花下》诗："篮舁为卧舍，漆盝是行厨。斑竹盛茶柜，红泥罨饭炉。"唐代依然有盝顶形"行厨（橱）"。匮，汉代有所谓"石室金匮"，后来藏古书的地方，常以"金匮"题名，以示珍贵。对于金匮的理解，可借助于青海省海晏县文化馆收藏的新莽"始建国元年（9 年）"虎符石匮进行参考，该石匮通高过 200 厘米、宽 137 厘米，还有盖。

筐，《急就篇》谓："筐，长笥也，言其狭长。"汉墓出土很多，可盛书、衣物和杂物等。曹操《谣俗词》有："发箧无尺缯"，箧指盛织物的箱子。《博异志》"木师古"条载唐贞元初木师古投古精舍，寝时于"箧"中取"手刀子"，藏床头席下壮胆。唐诗人高适有"开箧泪沾臆，见君前日书。夜台何寂寞，犹是子云居"诗句。"箧笥"，在唐代已经用作泛称书箱等盛器。敦煌壁画中尚未看到有竹子编制的各种箱子图像。皮箧，"皮箱子、藤箱子广州话称皮箧、藤箧。'箧'原作'匧'，大概在古代因为是用竹子做的，所以后来又加'竹'字头。它是长方形的装衣物的箱子。不过'箱'字在汉代以前只是车厢或厢房的'厢'，后来才作箱箧的'箱'用。"新疆吐鲁番阿斯塔那第169号墓葬中的《高昌建昌四年（558年）张孝章随葬衣物疏》，道教信徒张孝章怀着升天的理想，在死后进入天国中享用的生活物品中有"巾箱"等，此箱或为实用家具，而非明器。《南史》载齐人"发桓温女冢，得金巾箱"，《南史》载范岫"为长城令时，有梓材巾箱"，《南齐书》载宋褚炫在选部时，"出行，左右捧黄纸帽箱，风吹纸剥殆尽"。《香乘》载隋"陈宣华有沉香履箱，金屈膝。"北朝时盛鞋箱子还有带盖配屈膝（即合页）的高级箱。出土的隋大业二年（606年）铜制金舍利函，上有铭文，顶为盝顶的四方盒。唐永泰公主墓中有石刻宫女双手捧盝顶形长方形盒子图案，此盒子与莫高窟盛唐第33窟南壁《弥勒经变》"嫁娶图"中侍女捧的盝顶盒子相似，还有在该经变右上角单独绘有一只也是盝顶形彩绘盒子。与此相似的还有盛唐第445窟北壁《弥勒经变》"七宝"中的周身装饰忍冬

图 110 第 33 窟 窟顶南 盛唐

纹的高档盝顶形箱；中唐第 159 窟南壁《弥勒经变》中的彩绘盝顶形
盒或箱，这些精致的盒子，可能是用金银贝壳等镶嵌制作，内盛金银
首饰之类，这就是当时流行的螺钿漆器盒。唐代姚汝能《安禄山事迹》
载唐明皇赐安禄山 "平脱匣子" "金平脱装一具" "金平脱合（盒）子
四" 等。在婚礼中向女方送螺钿盒表示两两相合，寄托着对婚姻的美
好祝愿（图 110）。敦煌文献法藏 P.3284《新集吉凶书仪》载有订婚
仪礼中男女方婚书须放置于匣函之中，而匣函必须是 "用梓木、黄杨木、
楠木等为之，函长一尺二寸"（"以象四序八节"）、"函阔一寸二分"（"象
十二时"）、"函板厚二分"（"象二仪"）、"函盖三分"（"象三才"）、"函

内阔八分"("象八节")等说词。盝顶形箱出土的唐代文物中有"鎏金花鸟孔雀纹银方箱",正面装有锁钥。杜甫《村雨》诗:"揽带看朱绂,开箱睹黑裘。"《明皇杂录》载唐太宗的文德皇后把李世民在晋阳宫得的"玉龙子"常放在衣箱中。陕西扶风法门寺地宫出土有唐代盝顶形银质箱,此箱由于是大小有八层套箱,内装舍利子,故又称为八重宝函,而且顶部均是盝顶形。敦煌壁画中还有方形和其他形状的盒和箱,也可能有螺钿装饰,譬如莫高窟盛唐第217窟南壁《法华经变》"得医图"中,堂外台阶下一老郎中身后,跟一捧方形小药箱的随从,唐代郎中有专用药箱。中唐第144窟东壁门北敦煌索氏家族的女供养人半跪在装饰壸门的榻上,身后二侍女站立,其中一位侍女双手捧抱一椭圆花形装饰纹的奁盒;晚唐第107窟东壁门北《如意轮观音变》下部有一对母女供养人画像,前边的女子双手捧一装饰华丽纹饰的四方形奁盒或小箱(图111);晚唐第156窟北壁《宋国夫人出行图》,侍从马队中一扈从手抱一只四方形小箱子或盒。

唐德宗贞元年间的《济渎庙北海坛祭器碑》碑阴载祭祀、杂物中有"箧箱四"、"柜一并鐍",箱与柜仍然有区别,柜带有锁钥。《杜阳杂编》载唐武宗会昌初"渤海贡马脑柜、紫瓷盆。马脑柜,方三尺,

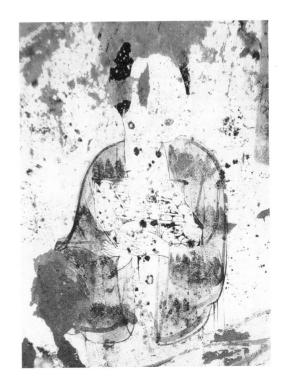

图 111 莫 107 窟
插盆 净瓶

深色如茜，所制工巧无比，用贮神仙之书，置之帐侧。"白居易《题
文集柜》诗中之柜为柏木制成。

　　唐代不但有书柜，还出现茶柜等。白居易《宿杜曲花下》诗有"斑
竹盛茶柜，红泥罨饭炉。"方形的箱还有法国吉美博物馆藏敦煌五代
宋时期麻布画《十一面观音菩萨图》下部绘制的"七宝"中，一具四
方形的顶装饰一大朵花卉、四周装饰云气纹，底部还配有底座的箱子。
莫高窟第 205 窟西壁中唐画《弥勒经变》"耕获图"上，在方形垫子
上有一盝顶形褐色花纹方箱。中唐第 237 窟西壁龛顶东披，有一火焰

图112 第237窟

北壁 中唐

包围的带四矮足的方箱，此方箱是表现北天竺的泥婆罗国的一处水中
藏有弥勒头冠柜，有人来取时，水中出火。画中绘一配带锁钥的方箱
漂在水面上，四面燃起烈火，有一穿长袍的人立于岸边（图112）。榆
林窟中唐第25窟北壁《弥勒经变》佛教宝藏"七宝"中画有一个盝顶
形箱，四周为几何纹饰，箱顶一摩尼宝珠，底部还有覆莲花形底座；
该窟在"拆幢"画面中，幢的左右各有二幅与"七宝"中的盝顶形箱
几乎一样，顶上均有摩尼宝珠，底有覆莲花座（图113）。吐蕃占领敦
煌时期的寺院籍账法藏P.2583《申年比丘尼修德等施舍疏》载女尼修
德施舍的用品"箱一，正勤。"修德施舍的箱后来归在灵图寺僧人正

勤名下，此僧人后任沙州释门教授。法国吉美博物馆藏敦煌五代绢画
《降魔成道图》下部绘制的"七宝"中，也有装饰花纹的黄色盝顶形箱，
箱顶放一摩尼宝珠。相似的还有五代第61窟南壁《弥勒经变》"剃度图"
后边，有一只在底座一周装饰圆圈图案，顶装饰华丽的彩色圆圈的盝
顶形箱。唐五代宋盝顶形箱是最普遍的传统样式，敦煌唐五代壁画中

图113　榆林窟第25窟　弥勒经变　中唐

的箱通常也是盝顶形，有些还有底座，与中原相同。

　　从法门寺地宫出土的唐代八重宝函看，箱、柜与函差别不大，或者是箱内分为格子、抽屉；或者是为多重套箱，故而敦煌文献法藏P.2613《唐咸通十四年正月四日沙州某寺交割常住物等点检历》分门别类记有"函柜""漆函子""柜"等，将它们并列。前引敦煌金山国时期文献法藏 P.3638《辛未年正月六日沙州净土寺沙弥善胜领得历》载"盛幡伞大长函壹"，"盛头冠函子壹。盛帐函子壹。盛文书函肆在李上座。"金山国时期的"函"有大小、长短之分，大的盛幡伞和帐，小的盛文书和头冠即帽盒等。函的功能在此前和之后也不会有多大差异。函与柜并称，中古时代函柜均是盛物品的家具，区别可能在于开口或者是否带抽屉或锁钥。法门寺地宫出土的长方形鎏金银质函形筛茶箩具，顶为盝顶形，左侧带抽屉（筛），底座是左右前后各装饰壶门的榻形物，当属唐代较早的带抽屉的函柜形用具。五代初期记录的情形与晚唐应相同。日本在明治维新前，多有唐宋的器具和名称，其家具"函"，是有数层小抽屉的家具。如"函れる"木器，实际为带有数层抽屉的柜子，看来函是属于带抽屉的柜子家具的一种。日本的箱与函的家具名称均似源自中国，比如"笥"，本是竹编器物，但传入日本却变为木与金属

图114

制造的不易破坏的保险箱。

　　敦煌文献《董永变文》（英藏 S.2204 等）有装锦的箱子，祝福新
郎时有"绫罗满道（箱），金玉盈堂"之语，可见民间家庭用箱是很
普遍的。《明皇杂录》卷下又载唐八仙之一的张果老的宝驴，不用时
可折叠，放于"巾箱"中。巾箱，乃旅行用的小箱子。五代第 61 窟西
壁《五台山图》中，一队送供天使的行列中一位仆役挑担的一头即系
有一小四方箱子，当属于巾箱一类（图 114），它与内蒙古赤峰宝山辽
墓壁画《织锦回文图》中放在地上的挑担一头系的盝顶形小箱相似，
旁边的侍女也双手抱同样的小箱，但比宋《清明上河图》中有提梁带
四矮足的箱子要小很多。前引敦煌张氏归义军时期文献法藏 P.2613《唐

咸通十四年正月四日沙州某寺交割常住物等点检历》记"柜大小共三口内贰在索僧政"，"蛮箱壹合"。唐代柜分大小，说明其功能已经有明显的区分，而"蛮箱"，应是南方输入到西北的家具。

　　唐以后，箱、柜顶部仍流行盝顶式，为防止磨损和美观均在棱角处箍以金属质（铜、银、金等）叶片。宋画《五学士图》上，有一件放在高处的盝顶形的书柜，柜门是可开合的两扇小门，从该柜的外形观察当是竹编的，柜内分三层樘，放有书、写卷和画卷等，柜腿很矮。敦煌壁画中的民俗画面中从不见书柜图像。五代、宋平顶盖的方箱与盝顶形箱同时并存，莫高窟藏经洞出土藏法国吉美博物馆的五代宋麻布画"十一面观音菩萨坐像"下部，七宝中的藏宝为平顶箱（图115），与莫高窟76窟东壁门上宋画"七宝"中带底座的四方平顶藏宝箱相同，仅装饰花纹略异。在江苏苏州市虎丘塔下发现的宋代楠木箱子，在接缝处也箍有鎏金银叶，用圆帽钉固定，箱口正中配有鎏金镂花实用锁，锁上还挂有钥匙。榆林窟中唐第25窟北壁《弥勒经变》女"剃度图"，一侍女手抱黑底白花、忍冬纹似螺钿装饰的盝顶奁盒，站立在被剃度的女子身后。敦煌曹氏归义军时期文献法藏P.3598《年代不明(10世纪)某寺交割常住什物点检历》载"奁壹，经案壹，柜壹口并镴鑰"，镴鑰

图115 敦煌研究第○一 ·——窟观无量寿经变像 莫高窟出土 卡织绢 五代本

即锁钥，柜子配备有锁钥，与相隔数千里的中原和南方等地的柜子并无明显的不同，但在敦煌地区当时锁还分"汉鏁"和"胡鏁"。

敦煌壁画中的箱柜类图像并不很多，但绝大多数是盝顶形的，且多在《弥勒经变》《观无量寿经变》《法华经变》《楞伽经变》等经变中出现。敦煌壁画中虽少见柜子图像，但敦煌寺院籍账文书中却记有不少柜子的名称。敦煌宋初文献英藏 S.4577《癸酉年（973 年）十月五日杨将头遗物分配凭据》载"杨将头遗留与小妻富子伯师一口，又镜架匣子，又舍一院。妻仙子大锅一口……又匣一口。"杨氏的遗嘱分配明显是偏心小妾，冷落老妻。敦煌张氏归义军时期文献法藏 P.2613《咸通十四年正月四日沙州某寺交割常住物等点检历》有"柜大小共叁口，内贰在索僧政"，"破漆食魁壹"。此处的"魁"字，或是柜的别写或者是食柜、食橱的俗称。寺院中所使用的柜也有大小。

甘肃瓜州（安西）县东千佛洞西夏第2窟水月观音旁边有盝顶形的四腿箱。与敦煌盝顶形箱相似的还有甘肃武威天梯山石窟18窟前室左壁第三层晚唐千手观音残壁画中，一手上托一盝顶形盖的四方箱（盒），盖顶上饰云纹图案，盖斜坡上装饰忍冬纹，四方箱体上饰莲瓣纹饰，箱的棱角部位涂有金粉即镶有金属叶片之意。

敦煌曹氏归义军时期籍账英藏 S.1776《显德五年某寺法律尼戒性等交割常住什物点检历》载"箱壹叶在柜"。"箱"的量词也为"叶"，晚唐和五代箱子的量词是一致的，仅因形近而误书，或书"艹"头、或写"金"旁，而且说明当时的箱子明显小于柜子，箱可纳入柜中。但在晚唐籍帐文书中所记"蛮箱壹合"，量词却是"合"。唐五代宋籍帐文书中柜的量词多用"口"。张氏归义军时期文书法藏 P.2613《唐咸通十四年正月四日沙州某寺交割常住物等点检历》"伍硕柜子壹口在灯司""小柜壹口""大小柜肆口"，可装五硕的柜子当然不小。上引敦煌文献 S.4577《癸酉年十月五日杨将头遗物分配凭据》载"又镜架匣（柜）子……又，匣（柜）子一口。"当时这位低级军官的家境并不富裕，但家用镜架子也还有专门的箱柜存放，说明敦煌地区箱柜种类并非单一。敦煌文献法藏 P.3161《年代不明（10 世纪）某寺常住什物交割点检历》"家具"条目中记有"皮相（箱）壹"。江苏武进村南公社南宋墓中出土的镜箱，与杨氏的遗物可相互印证，该箱分两层，上部有盖，上层中"Π"字形镜架使用时可立起来，不用时可放到浅盒里，下面两层可能是盛妆奁的，明清甚至民国时仍在使用这类镜架箱。北宋敦煌杨将头家镜架箱柜，当类似明清那种组合的可折叠的镜箱吧。又，敦煌写本中明确有"衣箱"的记录，如《下女夫词》中的"脱衣诗"有："褕盍裆两袖双鸦鸟，罗衣接縸入衣箱。"《董永变文》载"织得锦成便截下，摽将来，便入箱。阿郎见此箱中物，念此女人织文章。"民间盛衣服布料的箱子与寺院中的箱子，应当没有大的差别，况且寺院中的许多物品和用品是由男女信士布施的。敦煌壁画中的盒子图像较少，但文书中保存此名称则很多。敦煌地区寺院中僧人们使用的漆器"香奁"盒，当属于布施的物品。敦煌壁画中凡妇女拿的小盒子多可称之为奁。河南省偃师李景由唐开元二十六年（738 年）墓葬，出土有缠枝花纹西域风格的银平脱方形漆盒。盒内分上下两层，上层抽屉内装木梳和金钗；下层装圆形漆盒、鎏金银盒、菱花镜、银碗等。此盒为妇女闺房妆奁用具，此奁盒与敦煌的当属于同类品种。

匣子类的小型器具大多也来自布施供养。至于"盛佛衣漆禄壹合"，可能就是比"小漆禄子"大的盒子。榆林窟中唐第 25 窟北壁《弥勒经变》壁画中，主尊前左右供物案上排列的盛有袈裟的浅沿的长方形盛具，应该就是这类"盛佛衣漆禄"盒子。敦煌寺院籍账文书中的"樏"，有研究者认为是中间有隔的盛饭菜的扁盒。敦煌文献法藏 P.2032V《后晋时期净土寺诸色入破历算会稿》就记录有高级匠人"木博士"，还有专门修理"疗治牙盘"的"博士"。敦煌本地不但有木匠，也有从事漆器的专门工匠存在，如敦煌曹氏归义军初期文献法藏 P.2049V《后唐同光三年（925 年）正月沙州净土寺直岁保护手下诸色入破历算牒》记有"画柒（漆）器先生"，应是漆匠。敦煌也生产漆器，如敦煌吐蕃占领敦煌时文献法藏 P.3972《辰年四月十一日情漆器具名》载："辰年四月十一日情漆器具名如后：盘子七十枚，垒子七十枚，垒子八十枚，椀（碗）伍十枚，晟子五枚，圆盘二枚。"所以敦煌的漆器并非全部来自产漆器的吴、蜀、越等地区，但高级漆器应是从这些地区输入而来。

敦煌壁画上画花纹的箱子、盒子等和敦煌唐宋寺院籍账文书中所记载的漆器箱、盒等可互相印证。另外，在莫高窟北区遗址 B163 窟考古发掘中确曾出土夹纻螺钿漆盘等古代敦煌人用的实物漆器，所以壁画上出现漆盒、箱、盘等图像是很自然的。敦煌唐宋寺院籍账文书中还记录有漆质的诸如盘、碗、叠（碟），甚至筷子等小的家庭用具都属于家具范畴。